Mon incroyable voyage en ballon
pour la protection des enfants dans le football

Jean Claude Mbvoumin

MON INCROYABLE VOYAGE EN BALLON
pour la protection des enfants dans le football

Auto-éditeur

Pour plus d'informations sur Foot Solidaire et pour suivre l'actualité de ce livre :

- o https://www.footsolidaire.org
- o https://jcmbvoumin.blogspot.com/
  - o Twitter : @mbvoumin
  - o Instagram : mbvoumin
- o Facebook : jean claude mbvoumin

Publication 2020

Dépot légal : Janvier 2020

ISBN 978-2-9569729-1-4

Couverture réalisée par : Agence Radis Noir, Paris

Crédit photos :
Foot Solidaire, FIFA, Laurent Bagnis, Omich, Christian Séguy

REMERCIEMENTS

Ce livre n'aurait jamais vu le jour sans l'aide et les encouragements de Ali El Tabbal, Cédric Eugène, Suzanne Sen Mbvoumin, Véronique Ngo Makémé et Christine Rouet. Je tiens également à remercier Christian Souffron, pour ses conseils judicieux, et Marie Souffron, pour sa relecture incroyable et ses commentaires efficaces.

Au jeune footballeur inconnu,

et à ma petite sœur Marie-Madeleine Endaman, qui perdit sa santé et sa vie en aidant les petits footballeurs de Kribi. RIP.

AVERTISSEMENT

Les noms de certaines personnes ont été modifiés.

TABLE DES MATIÈRES

PROLOGUE

Je m'appelle Jean Claude Mbvoumin. Ce nom imprononçable ne vous dira rien de plus. Ancien joueur professionnel, la protection des enfants dans le football est mon combat depuis vingt ans. J'ai été le tout premier lanceur d'alerte non gouvernemental en Europe sur le trafic des jeunes joueurs de football. J'aime bien le mot anglais *Whistle-Blower*, pour désigner cette vigie, ce guetteur, que j'imagine « armé » d'un sifflet et qui souffle dans l'instrument à l'approche du danger.

En l'an 2000, je me suis levé avec d'autres citoyens, pour aider les jeunes footballeurs africains victimes de trafic, qui se ramassaient à la petite cuillère à Paris. Aussitôt, je pris conscience des risques à déterrer ainsi ce câble à haute tension qui pilotait un trafic international de joueurs mineurs. Ce réseau clandestin impliquait des clubs en Europe, en Afrique, en Asie et alimentait de gros intérêts au Nord et au Sud. Le dévoiler revenait, de fait, à déclarer la guerre au « foot conservateur », aux tenants d'un ordre footballistique archaïque, qui dédaignait sciemment les Droits de l'enfant.

Pour avoir dénoncé des pratiques qui n'honorent pas le ballon rond, j'ai essuyé maintes attaques physiques et verbales, intimidations, campagnes de dénigrement médiatiques et, par-dessus tout, j'ai été espionné…

J'ai pourtant réussi l'essentiel : alerter le monde sur l'esclavage moderne dans le sport roi. Mon travail avec le Parlement européen, la FIFA, les Nations unies, le Conseil de l'Europe, et mes conférences « Foot Solidaire » ont fait voler en éclats le tabou qui persistait sur ce trafic illégal. Une autre voix émergeait enfin, face au foot-business conservateur. *Derrière chaque jeune footballeur, se blottit un enfant. Protégeons-le !* Cette voix, petite flamme sous le vent, s'attendait à être épaulée. Mais en dépit du soutien d'élus politiques, les institutions européennes d'alors choisirent de ménager les instances du football, m'opposant, en quelque sorte, une fin de non recevoir.

À l'occasion du vingtième anniversaire de Foot Solidaire (2000-2020), j'ai voulu partager cet incroyable voyage en ballon pour la défense des jeunes footballeurs. Une cause qu'on tente aujourd'hui de faire oublier, d'enterrer. La présente contribution vise à alerter l'opinion publique sur les dangers qui pèsent de plus en plus sur les enfants dans ce sport. Ce jeu qu'ils affectionnent doit conserver son rôle éducatif, ludique, loin des enjeux financiers démesurés du foot-business. Refusons la marchandisation des jeunes joueurs et l'idée selon laquelle le business prime sur tout, même sur les droits de l'enfant.

1. D'ÂPRES NÉGOCIATIONS DE TRANSFERT

J'ai commencé à jouer au football, à imiter les gestes techniques des grands champions, avant même de savoir lire l'alphabet français. À douze ans, j'avais déjà une réputation de crack dans mon quartier, à Yaoundé, au point que je participais à des matches d'adultes. Il n'en fallut pas plus pour attirer l'attention de Maître de Gonzague, ancien arbitre international et chasseur de talents pour le Canon Sportif, le meilleur club du Cameroun à l'époque.

L'ancien arbitre se présenta un jour au domicile familial, demandant à rencontrer ma grand-mère, afin de négocier les termes de mon « transfert » au Canon. J'évoluais à cette date aux Petits Pèlerins, l'équipe des servants de messe de la cathédrale Notre-Dame, mais ça n'avait aucune importance pour lui. Le Canon, club mythique, quatre fois champion d'Afrique, pouvait débaucher qui il voulait, à tout moment, dans n'importe quelle équipe du pays.

Maître de Gonzague tombait mal, car Mama Cécile était hostile à tout ce qui touchait au football. Pour ma grand-mère, ce sport était un leurre, un miroir aux alouettes pour la jeunesse, elle n'en voulait donc pas dans sa famille. Veuve d'un des fondateurs du Tonnerre de Yaoundé, club qui révéla Georges Weah[1], elle connaissait les réalités du football local, avec ses anciennes gloires miséreuses, des hommes jadis adulés des foules, qui consumaient ce qui leur restait de vie dans l'alcool. Mama Cécile tolérait pourtant ma participation aux Petits Pèlerins, parce qu'on y obligeait les enfants à dire des prières avant et après chaque entraînement. Un bon point pour cette dévote, qui désespérait de m'orienter sur le chemin de sa foi chrétienne.

À plusieurs reprises, Maître de Gonzague se déplaça chez nous pour rien, essuyant le refus catégorique de ma grand-mère, qui demeurait inflexible.

— Hors de question que mon petit-fils s'engage au « Kpa-Kum »[2], lui rétorquait-elle. Ses études d'abord.

L'ancien instituteur laissa passer quelques semaines, puis se présenta à nouveau devant Mama Cécile, un dimanche, lorsqu'elle était calme et concicilante, apaisée par les sermons de Mgr Zoa, quelques heures plus tôt, à la cathédrale Notre-Dame.

Profitant de ces instants de béatitude, Maître de Gonzague abattit sa dernière carte.

— Que le Seigneur vous bénisse, Mama Cécile, fit-il poliment. Le club me charge de vous dire qu'il s'engage à payer entièrement la scolarité de Jean Claude, de sa classe de 5e actuelle jusqu'au Bac !

— De la 5e jusqu'au Bac ? répéta la vieille dame, en levant la tête du chapelet qui ne la quittait jamais et qu'elle égrenait.

---

[1] Président du Liberia depuis le 22 janvier 2018. Ancien joueur notamment de Invincible Eleven, Tonnerre Kalara club, AS Monaco, PSG, AC Milan. Ballon d'Or 1995

[2] Surnom donné au Canon de Yaoundé. « Kpa-Kum », comme le bruit du recul et du tir de la pièce d'artillerie des Alliés qui chassa les Allemands du Cameroun lors de la Première guerre mondiale (1914-1918)

— Oui, jusqu'au Bac ! confirma Maître de Gonzague, en ôtant le grand chapeau de paille, un chapeau de berger, qui cachait un crâne dégarni.

Mama Cécile resta bouche bée, décontenancée. C'était inédit en ce temps-là, un club de football qui s'engageait à prendre en charge la scolarité d'un jeune sportif. C'était surtout une dépense en moins pour elle, qui payait mes études, année après année.

— Bien parlé ! sourit Mama Cécile. Dans ces conditions, je remets mon petit-fils entre vos mains. Prenez-en soin !

Les deux adultes topèrent et l'ancien arbitre international fut invité à passer à table avec toute la famille. Mais alors que le repas s'achevait, Mama Cécile ajouta un avenant au contrat moral :

— Maître, je vous confie aussi l'âme de Jean Claude. Veillez à ce qu'il ne sèche plus les leçons de catéchisme, les samedis matin. Sinon sa participation au Canon sera remise en cause…

— Bien entendu ! A quoi servirait le football sinon ? Une vie sans foi, c'est comme un match sans public, sans passion, sans vie…

— Bien parlé, Maître !

J'étais donc libre de jouer au Canon « Kpa-Kum », en revanche je n'étais plus libre de jongler avec les affaires de Dieu.

Une semaine plus tard, je poursuivais mon apprentissage du football sous la houlette de Maître de Gonzague, le plus grand promoteur du football féminin et du « Mongo football »[3] qu'ait connu le pays des Lions indomptables[4] à ce jour.

---

[3] « Football des jeunes », en dialecte camerounais beti
[4] Nom donné à l'équipe nationale de football du Cameroun après la défaite à la CAN 1972 organisée à domicile (23 fevrier-5 mars)

2. À L'ÉCOLE DU FOOTBALL ET DE LA VIE

Alors que j'intégrais le Canon Minimes[5], je n'entrais pas seulement à l'école du football, j'entrais aussi à celle de la vie. La formation sportive dispensée par Maître de Gonzague consistait en deux séances d'entraînement par semaine, avec un match le weekend. L'ancien arbitre international préparait avec passion les futurs Canonniers que nous étions, ceux qui défendraient le blason rouge et vert de son club de cœur à l'avenir. Et nous progressions parmi les meilleurs jeunes joueurs de la capitale camerounaise.

Avant chaque séance d'entraînement, au lieu d'une prière comme aux Petits Pèlerins, Maître de Gonzague prononçait un sermon, sur un sujet quelconque, en fonction de son humeur. Il marchait alors de long en large, les mains dans le dos, nous fixant les uns après les autres, comme s'il essayait de voir le fond de nos âmes.

— Le football connait tout de vous, affirmait-il alors. Nul ne peut le tromper. Il récompense les travailleurs et ceux qui persévèrent. Il révèle vos forces et vos faiblesses. À vous de choisir quel joueur vous voulez être, quel homme vous souhaitez devenir : honnête ou tricheur, studieux ou paresseux, caractériel ou réfléchi...

---

[5] Joueurs « u-15 », âgés de moins de 15 ans

19

Pour Maître de Gonzague, la pratique sportive et la scolarité allaient de pair et devaient cohabiter dans les cœurs et les esprits des jeunes joueurs.

— Vous tenez entre les mains le ballon et le livre. Si un jour il vous faut laisser tomber un des deux, gardez le livre. Les garçons incapables d'écrire leur nom ou de s'exprimer en français, je n'en veux pas ! Et le premier qui me présentera un bulletin scolaire entaché de mauvaises notes entendra parler de moi toute sa vie !

Maître de Gonzague nous inculquait des valeurs, martelant ses messages éducatifs à tout bout de champ, à chaque séance d'entraînement.

— Le travail, la patience, l'humilité : voilà les armes de la réussite. Les tire-au-flanc, les retardataires et ceux qui ont la grosse tête n'arriveront à rien !

L'ancien instituteur nous invitait parfois à son domicile, les jours où les pluies diluviennes transformaient le terrain d'entraînement en « water-l'eau », en bourbier impraticable. Sa maison, d'un aspect sombre, était un capharnaüm encombré de grandes malles poussiéreuses, de revues sportives, de livres d'histoire, de philosophie et de poésie. Et il arrivait que Maitre de Gonzague nous lise un poème, nous raconte une fiction ou nous entretienne de philosophie.

Il nous lisait régulièrement *Le Loup Pélagneau*[6], une fable de La Fontaine. Puis, refermant le petit livre, il conseillait :

— Soyez prudents, enfants. L'homme est un loup pour l'homme. Mais la raison du plus *sport* est toujours la meilleure.

La demeure de notre mentor était un vrai musée. Les murs ocre étaient tapissés de fanions, de posters et de maillots de football encadrés sous verre. D'immenses

---

[6] Le Loup et L'Agneau

photos affichaient l'ancien arbitre en compagnie des gens du football qu'il avait rencontré durant sa carrière : des Blancs, des Noirs, des Jaunes, des célébrités, des inconnus.

Devant notre bouche bée, l'éducateur s'approchait, et nous révélait, dans un sourire empreint de nostalgie :

— J'ai joui d'une vie extraordinaire, moi, l'enfant des bas-fonds. Le « Jeu des jambes »[7] a été créé par le Bon Dieu pour ceux qui sont résolus à repousser leurs limites ! Le football vous fera vivre un fantastique voyage en ballon, fait de rencontres, d'échanges et de confrontations culturels. Mais restez vous-mêmes, conservez vos valeurs et votre culture…

L'ancien instituteur n'avait ni enfants, ni épouse, à notre connaissance. Il avait pour unique compagnon « Dopy », un gros chien aveugle, trop vieux pour aboyer ou mordre, mais dont la seule vue suffisait à faire peur aux visiteurs. Notre mentor n'avait qu'une passion : cultiver des footballeurs en herbe. Comme un jardinier consciencieux, il nous arrosait de conseils, mettait les tuteurs éducatifs pour nous aider à grandir humainement et sportivement.

— Haïssez la défaite, enfants, répétait-il. Mais si elle survient, remerciez le Bon Dieu qui vous fait participer à un si beau jeu.

---

[7] Le football

3. UN PHILOSOPHE DANS LE FOOTBALL

— Le football est un sport d'équipe, joué par des amis et des frères, enseignait Maître de Gonzague. C'est un pour tous, tous pour un. Le football nous apprend à vivre, à travailler ensemble, à nous adapter à toute situation. Il nous transmet le respect, l'humilité, car on ne peut pas toujours gagner. Soyez généreux dans l'effort, jouez avec le cœur et selon vos valeurs. La victoire est belle, mais tous les moyens ne sont pas bons pour l'obtenir !

Un jour où nous versions des larmes après avoir perdu cinq buts à zéro au début d'un tournoi, l'ancien arbitre international nous réunit autour de lui, comme une poule rassemble ses poussins. Alors que nos adversaires chantaient leur victoire avec arrogance, il nous raconta l'histoire du Général *des goals*, un Français que nous croyions être le meilleur gardien de but du monde. En 40 - sans doute parce qu'il chaussait petit malgré sa grande taille - le Général *des goals* subit une lourde défaite au début d'un combat. Il dut fuir sa terre natale envahie par l'ennemi, pour se réfugier sur une île brumeuse, d'où il resurgit en 44 (sa bonne pointure), pour gagner la guerre avec ses alliés.

— Le tournoi n'est pas fini. Nous avons perdu la bataille, mais nous n'avons pas perdu la guerre, concluait

Maître de Gonzague. Remercions le Bon Dieu, qui nous fait participer à un si beau jeu !

L'ancien instituteur savait ainsi se montrer compréhensif après une défaite sportive. Mais si un étourdi lui présentait de mauvaises notes scolaires, c'était le pilori sportif, le banc de touche, à perpétuité. Nous révisions donc nos leçons avec assiduité pour éviter ce triste sort. Plus d'une décennie avant le concept d'académie en Afrique, le pédagogue maniait déjà la carotte sportive et le ballon éducatif. Il avait compris l'intérêt d'une formation sportive ancrée dans l'instruction.

Maître de Gonzague était de la vieille école, celle qui n'admet pas que tous les moyens apparaissent acceptables lorsqu'ils s'avèrent efficaces. C'est ainsi qu'il révéla les entorses à l'éthique de Karl-Heinz, l'entraineur national des jeunes. L'Allemand « coupait » l'âge des joueurs sélectionnés, pour les rajeunir artificiellement, une pratique importée d'un pays africain où il officiait auparavant. La fédération fermait les yeux sur cette pratique, parce qu'il était Allemand. Et parce qu'en Afrique, en ce temps-là, tout ce que faisait l'homme blanc était bien. *Même son caca,* ironisait Maître de Gonzague.

La tricherie sur les âges était méconnue à cette époque, mais elle donnait des résultats au Nigeria et au Ghana, des pays qui raflaient les titres mondiaux chez les jeunes, avec parfois dans leurs effectifs des pères de familles polygames.

Maître de Gonzague accumula les preuves des pratiques de l'Allemand et un matin, il les déposa sur le bureau du ministre des Sports. Or au lieu de révoquer Karl-Heinz, le ministre tança Maître de Gonzague, lui ordonnant de ne plus parler de l'affaire. Il menaça même de l'envoyer devant la Cour martiale pour trahison et atteinte à la sureté de l'État. Le pays avait besoin d'expertise en matière de sport et Karl-Heinz était missionné par la Coopération germanique pour aider le football national. Le prestige du pays en dépendait.

Mais l'ancien arbitre fit encore remarquer au ministre que l'Allemand sélectionnait plus de Bakwéris et de Bassas que de Ngoumbas.

— La sélection nationale, ce n'est pas l'Assemblée nationale, lui rétorqua l'homme d'État. On ne choisi pas les joueurs en fonction de quotas ethniques, mais en fonction du seul talent sportif.

Voilà la vraie personnalité de Maître de Gonzague : il était un éducateur capable de défier les hautes autorités, lorsque l'éthique sportive lui semblait bafouée. Certains se moquaient de lui, disant qu'il n'était qu'un philosophe perdu dans le monde du football. Mon mentor était surtout un bon éducateur, et sa méthode pédagogique portait des fruits. Parmi les enfants passés à son école, beaucoup réalisèrent de brillantes études, puis de grandes carrières dans l'administration, l'enseignement, l'armée. Certains devinrent éducateurs eux-mêmes ou entraineurs et d'autres, comme moi, footballeurs professionnels en Europe.

4. JE SUIS UN TIGRE

Mes premiers pas d'immigré du football en France furent terribles. J'avais débarqué à Beauvais au pire moment de l'année, en janvier. C'était l'hiver et il faisait froid, un froid vif, sibérien, inhumain. Les terrains étaient recouverts de neige et constamment gelés. Le gazon paraissait aussi rude que l'asphalte des rues et les ballons aussi coriaces que les calebasses de Mama Cécile. Mais je n'avais pas le choix : je devais taper dedans, les pieds glacés et engourdis ; je devais m'entraîner dans le froid comme tous les autres joueurs professionnels.

M. Bémol, le Directeur général du club, m'avait prévenu :

— Tu n'as pas d'amis, sache-le. Tu dois gagner ta place, c'est-à-dire piquer celle de ton copain de vestiaire. Sinon, c'est le chômage en fin de saison et une vie de galère.

Patrice, son gendre, qui était aussi mon agent, était tout aussi cash :

— Tu es dans une jungle. Pour survivre, tu devras te battre à mains nues contre des tigres affamés. Bienvenue dans le foot pro !

À l'adversité du climat, s'ajoutait donc aussi la rudesse des rapports humains, la concurrence sans merci entre joueurs professionnels. C'était à l'opposé de l'esprit qui prévalait au Canon, où mes coéquipiers étaient aussi mes amis, mes frères. Mais j'avais intégré la jungle de la compétition du « tous contre tous », obligé de me battre à mains nues contre vingt-cinq tigres qui en voulaient à mon bifteck.

J'étais logé au centre de formation du club, dans une chambre à l'ameublement sommaire, qui sentait le produit de ménage. Pendant la semaine, l'entraînement m'accaparait. Mais le weekend, la solitude me gagnait tandis que tous les jeunes du centre de formation rejoignaient leurs familles. Je me tenais alors devant la fenêtre, le nez collé à la vitre embuée, je contemplais, sans la voir, la forêt alentour. Mes pensées s'envolaient vers l'Afrique, vers mes parents, mes amis et vers Mama Cécile, restés là-bas, au Cameroun. Que faisaient-ils à cette heure ? Pensaient-ils à moi ? Le froid et la solitude, voilà les ennemis contre lesquels je n'étais pas préparé à me battre en arrivant en France.

Mes débuts à Beauvais se dévoilaient si ardus qu'après un mois, je rêvais déjà de rentrer à Yaoundé. Mais ce n'était pas une option, je le savais. Je devais m'accrocher ferme et tenir coûte que coûte.

Je découvrais les cadences infernales de l'entraînement professionnel et j'étais constamment épuisé. J'avais mal aux jambes à force de courir, de taper dans la balle, de donner et de recevoir des coups. Au Canon, c'était de la rigolade comparé aux épreuves imposées par ma nouvelle équipe française. Je supportais des charges de travail d'une intensité jamais expérimentée auparavant, et c'était violent. Chaque jour, j'étais obligé de courir, encore courir et toujours courir. Dans les bois, sur le terrain, le matin, l'après-midi… J'aurais eu besoin de poumons supplémentaires. Quel bonheur lorsque je pouvais souffler quelques secondes ! L'entraineur Patrick, un disciple de

Guy Roux[8], proposait des exercices d'une telle intensité que le goût du sang me venait parfois à la bouche. C'était à me dégoûter du football.

— C'est le métier qui rentre, déclarait Kaori, un coéquipier, pour me taquiner.

Je considérais les jeux réduits tout aussi âpres. Et lorsque le coach lâchait ses tigres pour un match d'entraînement, c'était très engagé. Les tigres remplaçants avaient faim de ballon et se montraient agressifs. Alors les tacles glissaient, les pains partaient, les jurons fusaient et tout le monde protestait : *Putain !* à chaque geste manqué, *Putain !* à chaque coup reçu. Trop timide au début, j'étais régulièrement dépossédé du ballon, bousculé, poussé, éjecté au sol et écrasé sans ménagement. Le nez dans le gazon humide, je doutais de tenir une saison à ce rythme d'enfer. Si je voulais m'en sortir, être au niveau, j'allais devoir bosser plus dur, me *mettre le cul par terre*, comme disait M. Bémol. Je devais devenir plus combatif, plus guerrier.

— Comment faire pour être puissant et rapide comme toi ? demandai-je un jour à Samba, un gars qui bourlinguait en pro depuis cinq ans, après avoir été formé à Metz.

— Mange plus, bois plus, dors plus et ne traîne pas en ville ! me dit-il.

Je suivis les conseils du meneur de jeu sénégalais et, comme par miracle, je me suis adapté au rythme infernal de l'entraînement professionnel. À mon tour je donnais des coups, je poussais, je gueulais, je bousculais et j'écrasais : j'étais devenu plus agressif et plus méchant. Ma carrière en Europe commençait à peine, ma place dans l'équipe était loin d'être gagnée, mais j'étais fier de ma réaction d'orgueil sur le champ de bataille sportif.

---

[8] Ancien entraîneur de l'AJ Auxerre (1961-2005), chantre d'un football basé sur la puissance athlétique

Je repensais alors aux paroles de mon mentor, Maître de Gonzague : *le football révèle tes forces et tes faiblesses. Mais c'est à toi de savoir quel joueur tu veux être, quel homme tu veux devenir.*

À Beauvais, je ne voulais plus être un homme ni un simple joueur de football ; je voulais devenir un tigre.

5. DURE, DURE, L'INTÉGRATION

Samuel Eto'o, un des plus grands footballeurs du monde, me confia un jour qu'il avait connu des difficultés au tout début de sa carrière, émaillée de mauvais choix. Dans ses jeunes années, il renouvela des tentatives infructueuses pour intégrer un club en Europe ; sans-papiers, il décida de rentrer au Cameroun. Il avait par la suite saisi sa chance, lorsqu'un club espagnol lui tendit la perche. Cette histoire était notoirement connue, mais l'entendre de sa bouche m'avait impressionné. C'était en 2014, le célèbre avant-centre jouait au FC Chelsea et m'avait invité à Londres pour un match de Premier League.

À la fin d'une rencontre où il marqua trois fois, nous nous sommes retrouvés dans une brasserie de Mayfair, autour d'un verre, pour parler des jeunes footballeurs africains d'Europe. L'ancien *Pichichi*[9] du FC Barcelone manifestait des signes de fatigue, mais il restait lucide, après avoir filé trois buts à Manchester United quelques heures plus tôt.

— On n'a jamais pensé à réfléchir sérieusement sur l'intégration des joueurs africains en Europe, affirma-t-il, avec son franc-parler bien connu. Je suis arrivé moi-même très jeune et l'essentiel c'était le conseil, c'était le plus

---

[9] Meilleur buteur du championnat d'Espagne de football

important pour moi. Mais je n'en ai pas eu. J'ignorais vers qui me diriger, où m'orienter, et je suis resté dans de mauvaises conditions. Il serait tout à fait légitime de permettre aux jeunes Africains d'avoir le choix, de savoir à qui faire confiance lorsqu'ils ont un moment de doute ou une difficulté.

— C'est clair, l'intégration, c'est la clé !

Je racontai alors à Samuel Eto'o mon expérience personnelle à l'AS Beauvais, un club français où j'étais arrivé en janvier 1995. Je n'avais bénéficié d'aucun conseil, d'aucune information sur la vie en France de la part du club. Tout ce qu'on attendait de moi, c'était de bien jouer au football. Je me demandais comment j'allais vivre dans cette nouvelle société. J'ignorais tout des us et coutumes français. Je ne comprenais pas un traître mot du français que parlaient mes coéquipiers et mes entraîneurs. Ils avaient un débit de parole trop rapide pour moi, certains s'exprimaient en « verlan ». Je ne captais rien, j'avançais à tâtons dans ma nouvelle destinée.

En dehors du club, j'étais souvent seul, désœuvré. J'arpentais les rues de la ville, léchant les vitrines des boutiques, m'émerveillant à la vue des belles voitures qui passaient. Je souriais devant les façades d'immeubles, où les Français revendiquaient leur amour du poulet : « j'aime le poulet grillé », « j'aime le poulet, surtout lorsqu'il est rôti ! », « les poulets sont cuits ! », taguait-on ici et là. Je trouvais cela incivique, de salir ainsi les murs, mais cela montrait à quel point la France était le pays de la gastronomie.

Je ne comprenais rien à l'Europe, une région du monde où chacun vit chez soi, chacun pour soi ; où l'on chouchoute les chats et les chiens comme des bébés, au lieu de les manger, comme chez nous. Et ici, à la moindre contrariété, les gens jurent comme des charretiers : *Putain !*

par-ci, *Putain !* par-là. *Putain !* pour un oui, *Putain !* pour un non.

Quelques mois après mon arrivée à Beauvais, j'ai commencé à fréquenter régulièrement mon coéquipier Kaori, originaire du Sénégal. Kaori ne résidait plus au centre de formation comme moi, il louait un appartement en centre-ville. Le talentueux attaquant évoluait depuis deux ans en France et il jurait comme tout bon charretier français. Lorsque je lui en fis la remarque, il rit de toutes ses dents blanches.

— Bientôt, tu seras contaminé toi aussi, me rétorqua-t-il. Pour un Africain, dire *Putain !* c'est la preuve qu'il est intégré en France !

— Comment elle s'est faite, ton intégration à toi ?

— L'intégration, c'est avant tout comprendre le français et détenir la carte de séjour ! Après cinq ans, lorsque tu es bien adapté, tu peux demander la naturalité[10]. Et là, tu deviens Français comme tout le monde, tu peux alors signer dans tous les clubs français. Tu peux même jouer en équipe de France !

— Avec la naturalité, je pourrais jouer en équipe de France, moi, un Africain ?

— Bien sûr. Et on te verra entonner La Marseillaise en direct à la télé, comme Basile Boli…

— Ah tiens ! La Marseillaise, le chant des supporters de l'Olympique de Marseille…

— Non, mon frère ! La Marseillaise, c'est l'hymne des Français ! Pour célébrer leur mère *partie*[11] !

— Leur mère partie ?

— Oui, depuis la Révolution française. Elle s'appelait Marianne. À cause d'elle, il n'existe plus de rois en France. Mais laisse tomber, ce serait trop long à t'expliquer…

[10] Nationalité
[11] Mère patrie

Kaori m'apprit autre chose sur les droits des citoyens en France.

— Ici, c'est la liberté et tu as des *doigts*[12]! Et avec eux, tu peux faire ce que tu veux : fumer de l'herbe, brûler des voitures, cramer des poubelles, caillasser les flics et, même, tu peux faire un doigt d'honneur au président de la République, et sans te faire taper sur les doigts ! C'est ça qui est fort ! Et tu sais pourquoi ? Parce que la France, c'est le pays des *doigts* de l'homme.

— Quoi ? Un doigt d'honneur au président de la République ? Chez nous, ce n'est pas une simple tape sur les doigts que tu prends, on te les coupe... C'est qui, au fait, le président de la France *?*

— C'est Jacques Chirac, un nouveau. Mais ça ne servira à rien pour ton intégration. De toute façon, ici, ils en changent tout le temps, des présidents, à cause des élections et des Mocraties[13]...

Ce même jour, Kaori me révéla que la publicité sur les murs à propos du poulet ne célébrait pas la gastronomie ; c'était des appels au meurtre de flics, et je me demandais dans quel monde j'avais atterri.

Kaori était une source d'informations pour le primo arrivant que j'étais, même si je ne comprenais pas tout. Mon ami aimait son pays d'adoption et entretenait un lien particulier avec la France. Son grand-père y était mort pendant la Guerre mondiale, pour aider le Général *des goals*, dont nous parlait Maître de Gonzague, et qui était en réalité un haut gradé militaire et s'appelait de Gaulle. Kaori adorait Paris, où des tirailleurs sénégalais avaient des lieux publics à leurs noms : le boulevard *Ousmane*[14], l'avenue *Djéna*[15], le

---

[12] Droits
[13] Démocratie
[14] Haussmann
[15] Avenue d'Iéna

métro Marcel *Samba*[16], le pont Senghor[17], etc. Mais je trouvais bizarre qu'aimant autant la France, Kaori ait si peu d'amis français, bien blancs.

— Comment ça se fait ? lui demandai-je un jour.

— L'amitié, ce n'est pas facile ! fit-il, piqué au vif. Ici, les gens nous prennent pour des primates, ils pensent qu'en Afrique nous vivons sur les arbres. Voilà pourquoi ils imitent les cris des singes à chaque match, lorsqu'un Africain touche au ballon. Manque de *peau* pour nous, c'est partout pareil où qu'on aille en Europe.

---

[16] Marcel Sembat était un homme politique français (19 octobre 1862-5 septembre 1922).

[17] Authentique, contrairement aux autres lieux suscités. Leopold Sédar Senghor, poète et homme politique, ancien député français (1945-1958), chef de l'Etat du Sénégal (1960-1980), n'était pas un tirailleur sénégalais

6. LE JOUR OÙ BOSMAN ENTRA DANS MA VIE

Dans l'histoire des migrations internationales des joueurs de football, il y a un avant, et un après Bosman. Le trafic des jeunes Africains est d'ailleurs une conséquence de cet arrêt rendu en décembre 1995 par la Cour de justice des communautés européennes (CJCE). Cette décision de justice provoqua le démantèlement du système des transferts alors en vigueur dans le football européen. Ce fut un séisme pour le foot conservateur et une secousse qui fit dévier la trajectoire de ma carrière sportive.

Jean-Marc Bosman fit irruption chez moi un jour de juillet 1996, sans prévenir, sous les traits de M. Bémol, Directeur général de l'AS Beauvais. J'occupais un studio au premier étage d'un immeuble à colombages, rue des Jacobins au centre-ville.

Le dirigeant m'appela à six heures du matin ce jour-là, de son téléphone cellulaire :

— Jean Claude, prépare tes affaires, nous partons pour Dunkerque !

— Hein ?

— Tu disputes un match amical cet après-midi. Et, normalement, tu signes. Magne-toi, j'attends devant chez toi !

M. Bémol n'était jamais venu chez moi depuis que j'étais au club. C'était un homme d'affaires implacable, qui ne faisait de cadeaux à personne. Nos relations n'avaient jamais débordé le cadre professionnel. Le voir ainsi se déplacer m'inquiéta.

Après avoir raccroché le combiné téléphonique, je me précipitai à la fenêtre pour m'assurer que l'appel n'était pas un canular, mais j'aperçus l'immense Citroën du dirigeant stationnée sur le trottoir d'en face, encombrant la petite rue.

Alors que je préparais mon sac à la hâte, j'essayais de comprendre ce qui se tramait. Je ne saisissais pas la logique à l'œuvre. L'équipe avait validé sa montée en deuxième division et la nouvelle saison se préparait. Je figurais parmi les joueurs les plus utilisés par Patrick, le coach, pourtant le club s'apprêtait à m'envoyer à Dunkerque. Franck, un coéquipier racontait qu'il y faisait plus froid qu'à Beauvais, mais qu'un carnaval était organisé chaque saison pour réchauffer les joueurs et les supporters…

— Le club a-t-il des problèmes ? demandai-je à M. Bémol, comme je m'installais dans son immense véhicule, côté passager.

— Avec l'Arrêt Bosman, la LFP[18] n'autorise plus qu'un seul joueur étranger « Hors-CEE[19] » en D 2, au lieu de deux auparavant. Tu te retrouves hors quota au club, je dois t'obtenir du travail ailleurs. Un vrai Bushmen, ce Bosman avec ses conneries. Mais c'est un coup tordu des technocrates de Bruxelles : ils veulent tuer le foot !

Je ne savais rien des fonctionnaires de Bruxelles et j'ignorais tout des idioties de Bosman. Je ne voyais d'ailleurs pas en quoi ça me concernait. Tout ce que je

---

[18] Ligue de football professionnel

[19] Se disait des joueurs non ressortissants d'un État membre de l'UE

constatais, c'est que M. Bémol avait déjà tout arrangé avec Dunkerque, sans demander mon avis. L'USL Dunkerque venait de parcourir le trajet inverse de l'AS Beauvais. Présente en D 2 pendant dix saisons, l'équipe était rétrogradée en National[20] et traversait une période de crise.

— Je suis déçu. Je me préparais psychologiquement à jouer en D 2 la saison prochaine. Mais là, Dunkerque…

— C'est chouette, Dunkerque, tu verras ! Et le coach Alex est un mec bien.

Ce que j'ignorais, au moment où la Citroën de M. Bémol m'emmenait vers le nord de la France, c'est que la justice européenne avait pris des mesures sept mois plus tôt, en faveur de la libre circulation des footballeurs au sein de l'UE[21]. Jusque-là, le foot conservateur refusait de se conformer à l'article 48 du Traité de Rome : la CEE[22] dut le ramener à la raison façon radicale, en dérégulant complètement l'activité. Dès lors, les clubs perdirent le droit quasi divin qu'ils avaient sur la carrière des joueurs, et le quota de joueurs étrangers « Hors-CEE » fut réduit dans plusieurs pays de l'Union européenne, dont la France, où j'étais arrivé un an et demi auparavant.

Des années plus tard, je m'intéressai de près au personnage de Jean-Marc Bosman, un footballeur belge qui se retrouva au chômage à la fin de son contrat avec le Royal Club liégeois, après l'échec d'une mutation à Dunkerque (comme par hasard…). Le RC liégeois refusa l'offre du club français, mais souhaita renouveler le contrat de Jean-Marc avec une humiliante baisse de salaire. Bosman porta l'affaire devant la justice belge.

La CJCE fit droit à la plainte du joueur et déclara non-conforme au principe de libre circulation des travailleurs

---

[20] Troisième division française
[21] Union européenne
[22] Communauté économique européenne

deux éléments du système des transferts internationaux : d'une part, l'obligation faite à un club de verser une indemnité libératoire au club quitté par un joueur en fin de contrat, et d'autre part, le principe des quotas limitant le nombre de joueurs étrangers dans les équipes des championnats nationaux.

Bien qu'il ne visât directement que les transferts entre fédérations, l'arrêt Bosman entraîna un *aggiornamento* immédiat des systèmes nationaux de transfert, ceux-ci étant dès lors placés en situation de concurrence. L'interdiction des quotas nationaux qui en découla eut un impact profond sur l'organisation, à l'échelle européenne, du marché du travail pour les joueurs. Le décloisonnement imposé provoqua une globalisation du marché, et ce, dès l'été 1996, au moment où je quittais Beauvais pour Dunkerque.

En Europe, un phénomène de concentration des talents se produisit dans les clubs les plus riches, déjà observé au plan national. Les « petits » clubs, dépouillés de leurs meilleurs éléments, se tournèrent alors vers l'Afrique. Des filières de recrutement (légales et illégales) s'organisèrent pour les approvisionner. Quatre ans seulement après l'arrêt Bosman, le rapport Donzel[23] révélait l'existence d'un trafic de footballeurs entre l'Afrique francophone et l'Europe.

---

[23] Rapport du ministère français des sports, publié en 1999

7. UN LION BLESSÉ

Au plus chaud de l'été 1997, fort de mon nouveau statut d'international A avec l'équipe du Cameroun, je nourrissais légitimement de plus grandes ambitions que Dunkerque. Sur la recommandation du sélectionneur des Lions indomptables, le Belge Depireux, on m'invita pour un test de recrutement au RWD Molenbeek[24], club de première division belge. Avant mon départ, je pris soin de résilier ma dernière année de contrat avec l'USLD, afin d'être libre de tout engagement.

Il faisait beau cet été-là à Molenbeek, dans la banlieue nord-ouest de la région bruxelloise. Je cheminais en pleine confiance, sûr de mon talent. Le coach Depireux avait assuré ma promotion auprès du club et un agent, Fredo, devait s'occuper des détails de mon transfert au RWDM. Je me sentais heureux, car j'allais enfin évoluer au niveau que j'estimais être le mien : la première division professionnelle.

Comme prévu, j'effectuai trois jours d'évaluation avec Molenbeek. À la fin du stage, je fus aligné pour un match amical contre une équipe de Division 3 dont j'ai oublié le nom. Ce match n'était pas compliqué a priori, ce n'était qu'une formalité avant la signature du contrat. En pleine forme, le Lion indomptable que j'étais remportait tous les

---

[24] Racing White Daring de Molenbeek

duels au poste d'arrière latéral. Je défendais bien et j'apportais la dimension offensive et la vitesse qui manquaient à l'équipe belge sur son flanc gauche. La première mi-temps se passa ainsi tout en maîtrise de ma part, sur tous les plans du jeu. Fredo, mon agent, suivait tout cela du bord du terrain, un cigare au coin des lèvres.

En deuxième mi-temps, alors que nous menions deux buts à zéros, la rencontre changea de visage. Après avoir essayé de relancer le jeu proprement, de derrière, par des passes courtes, l'adversaire optait à présent pour une stratégie de longs ballons aériens, pour trouver ses attaquants, de solides gaillards d'un mètre quatre-vingt-dix. Mes partenaires et moi annihilions ces tentatives désespérées. Quinze minutes après la reprise, en anticipant à reculons un de ces longs ballons débiles, mon pied se bloqua dans la pelouse. *Crac !* J'eus l'impression que le stade entier entendit le craquement des os de mon pied gauche. Une demi-seconde après, je roulais au sol, accablé par une douleur atroce. Je quittai l'aire de jeu avec l'aide des secouristes, pour être conduit à l'hôpital, où je fus soumis sur le champ à un examen radiographique.

— Fracture du cinquième métatarse ! diagnostiqua le médecin.

— Quoi ?

— Vous en avez pour trois mois, M. Mbvoumin.

— Putain !

Kaori aurait rigolé de m'entendre ainsi jurer.

Mais ma réaction pouvait se comprendre. Je m'indignais, réalisant que mon transfert était menacé. L'équipe belge disputait la coupe d'Europe et son coach, René Van Dereycken, avait besoin d'un arrière gauche immédiatement. Cette place me revenait, or la malchance s'en mêlait. Mon seul espoir reposait à présent sur Fredo et sa capacité de persuasion. S'il réussissait à convaincre le club de me donner du temps pour me soigner, je ressusciterais sportivement dans un mois et demi tout au plus. Mais Fredo ne put obtenir mieux que deux semaines de sursis…

— C'est impossible. Je ne serai jamais guéri dans quinze jours pour refaire un match !

— Mais si, tu peux ! Tu es un lion indomptable. Après la signature, tu t'arrêteras pour te soigner. C'est la chance de ta vie !

De retour à Dunkerque, j'entamai une rééducation-contre-la-montre. Je maintenais mon pied dans la glace quatre à six heures par jour, à tel point qu'elle me brûlait le pied. J'avalais des tonnes de médicaments et des pilules interdites en France, mais autorisées en Belgique, que m'avait procurées mon agent. Il s'agissait d'être guéri en seulement quinze jours, je devais mettre le paquet ! Fredo m'appelait toutes les heures ou presque, pour prendre des nouvelles. Il répétait sans cesse que j'étais la priorité de René Van Dereycken, le coach, et que je devais, envers et contre tout, me rendre opérationnel.

Le jour J, je me présentai à Molenbeek, les dents serrées, pour défendre mon contrat. J'avais avalé des kilos d'anti-douleurs et on m'avait injecté des produits anesthésiants dans le pied, directement dans la zone douloureuse. Je n'avais plus du tout mal, mais j'avais l'impression de trainer un pied en bois.

À l'échauffement, tout se passa presque normalement. Mais un quart d'heure après le début de la partie, je dus quitter mes partenaires en boitant plus bas que terre. Je me retenais de crier de douleur. J'avais le vertige et l'impression que ma tête enflait, comme un ballon chargé d'hélium, prêt à exploser. J'étais au plus mal. Fredo adossé à la main courante mâchouillait rageusement son cigare, alors que les secouristes me ramenaient aux vestiaires. J'avais de la peine pour l'agent, car de toute évidence, il ne toucherait pas le jackpot sur ce transfert qui tombait à l'eau.

Ce deuxième match à Molenbeek fut désastreux. J'avais été mauvais sur tous les plans. Pour tout dire, je n'avais pas joué ; j'avais même refusé le jeu pour ne pas solliciter mon pied blessé.

À la fin du match, comme je sortais du vestiaire, m'appuyant sur une paire de béquilles, je tombai nez à nez sur Fredo.

— Alors ? lui demandai-je

— Ils ne donnent pas suite ! La durée de ton indisponibilité pose problème.

Je baissai la tête et fermai les yeux, atterré. Le contraire m'aurait étonné. Je savais que c'était couru d'avance, mais mon agent avait cru au miracle. J'étais profondément déçu, mais je ne pouvais m'en prendre qu'à moi-même. J'avais accepté de refaire le match avec un pied cassé, ce n'était pas digne d'un professionnel. J'aurais dû attendre mon rétablissement complet, j'en aurais eu pour un mois et demi d'arrêt au maximum. Mais en regardant mon pied qui enflait, je savais que ma convalescence se prolongerait.

Je repris la route de Dunkerque, méditant sur les aléas du football professionnel et la précarité d'une carrière sportive. Un rien peut la faire basculer et faire basculer la vie du footballeur. En cas de blessure grave, le sportif sort du circuit et tombe rapidement dans l'indifférence et l'oubli profond. Peu d'athlètes y sont préparés, très peu s'en remettent.

À l'automne 1997, je pataugeais dans ce cas de figure, au creux de la vague, me demandant comment j'allais m'en sortir sans travail et avec un titre de séjour proche de l'expiration. Presque tout le monde m'avait abandonné. Je ne valais plus rien, sportivement et financièrement. Fredo m'appela quelque fois au début, puis n'appela plus du tout.

À aucun moment de ma vie, je ne m'étais senti aussi impuissant, inutile et malheureux. Conséquence de cet accident : je ne pus défendre mes chances au sein de l'équipe du Cameroun qui allait disputer la coupe du Monde 1998 en France. Cette compétition aurait pu me conduire à l'apogée de ma carrière, ironie du sport, je dus me résoudre à la regarder à la télévision comme tout le monde.

8. L'ENGRENAGE

On me demande parfois comment m'est venue l'idée de créer l'association Foot Solidaire. Je déclare toujours, invariablement, que je n'y suis pour pas grand chose. On m'a présenté une triste situation (des enfants en difficulté, sans défense) et j'ai tenté d'y répondre à mon niveau. Je ne suis pas le type super-intelligent qui eut l'idée du siècle, l'organisa avec une stratégie et un plan d'action précis dès le départ. La création de Foot Solidaire suivit en réalité un lent processus et passa par bien des moments chaotiques avant d'aboutir. Elle profita surtout des circonstances de ma carrière sportive de haut niveau, stoppée par une blessure cuisante. Suite à celle-ci, j'avais quitté Dunkerque et le nord de la France pour m'installer en région parisienne où j'espérais trouver un travail, quel qu'il soit.

J'étais sorti du circuit foot pro depuis un an. Convalescent et affublé du statut d'étranger « Hors-CEE », j'avais peu de chances de retrouver un club professionnel dans l'immédiat. J'ai donc accepté la proposition de l'Entente Sannois-Saint Gratien, un club amateur de 6e division. Le club francilien payait bien pour ce niveau. En plus d'un salaire et des primes de matches, je bénéficiais d'avantages en nature.

En région parisienne, mon rythme de vie changea radicalement. Amateur, je ne m'entraînais plus que trois fois par semaine, avec un match le weekend. Je consacrais donc mon temps libre à mes enfants et aux démarches administratives et sociales. Je découvrais la vraie vie, celle de millions de gens normaux en France. J'explorais la région parisienne et je fréquentais régulièrement l'ambassade du Cameroun à Paris, pour garder le contact avec ma communauté.

C'est par un jour du printemps 1999 que je reçus l'appel téléphonique qui déclencha la naissance de Foot Solidaire. Le conseiller culturel de l'ambassade souhaitait me voir de toute urgence. M. Ahada avait un problème et voulait l'avis d'un expert. Je me pressai donc à la rue d'Auteuil, dans le 16e arrondissement, me demandant en quoi je pouvais être considéré comme spécialiste. J'étais footballisé, je ne savais rien faire d'autre que taper dans un ballon.

Le diplomate africain m'accueillit dans son bureau mal éclairé, encombré de vieux journaux et de piles de dossiers qui menaçaient à tout moment de s'écrouler. Alors que je prenais place en face de lui, il se tourna vers un jeune homme assis dans un coin, la tête entre les mains, l'air triste.

— Voici M. Mbvoumin, ancien Lion indomptable. Raconte-lui les faits tels qu'ils se sont passés, n'oublie aucun détail.

— Bonjour M. Mbvoumin !

Le jeune homme « triste » s'appelait Jean Romain. Éducateur de football au Cameroun, il séjournait en France pour un tournoi pascal avec ses « u15 ». Il s'était réfugié à l'ambassade la veille, ne sachant où aller avec quatorze enfants sur les bras. M. Bernard, l'organisateur de leur expédition à Paris, les avait abandonnés dans un hôtel à

Saint-Denis, après les avoir délestés de leurs passeports et de leurs billets d'avion retour.

— Comment as-tu fait la connaissance de cet agent ? lui demandai-je.

— Il est venu me proposer ce tournoi en France il y a quelques mois. Je devais préparer l'équipe et convaincre les parents de mes joueurs de payer leurs titres de transport. Les familles étaient d'autant plus intéressées que M. Bernard assurait que les meilleurs joueurs seraient intégrés dans les centres de formation français.

— Bref, tout se passa bien jusque-là, intervint M. Ahada. Puis vous avez atterri à Paris avec les jeunes…

— En effet. A l'arrivée à l'aéroport Charles de Gaulle, un car nous a conduits à l'hôtel. Nous avons ensuite participé au tournoi. C'était remarquable. Les pelouses étaient si belles que les larmes me venaient aux yeux. Les enfants se sentaient heureux et couraient partout comme des dingues. À la fin, mon équipe n'a pas pu mieux se classer que cinquième. M. Bernard espérait qu'on disputerait la finale, mais les équipes françaises s'avéraient bien plus fortes que la mienne.

Au lendemain du tournoi, changement de résidence. L'agent conduisit la petite troupe dans un modeste hôtel à Saint-Denis. L'éducateur et ses joueurs furent logés sept et huit par chambre. M. Bernard remit un peu d'argent à Jean Romain, « au cas où », promettant de repasser le lendemain.

— Et alors ?

— Il n'est jamais revenu ! Nous avons végété deux nuits à la réception de l'hôtel, dans le froid. Hier matin, un Noir qui y travaille m'a conseillé de venir à l'ambassade. Je compte sur vous, M. Mbvoumin, pour retrouver M. Bernard.

À la fin du récit, M. Ahada se tourna vers moi, comme si j'allais révéler sur-le-champ l'endroit où se terrait

M. Bernard. Mais par où commencer pour contacter un agent sportif avec son seul prénom ? Avec un nom, j'aurais fait appel à mon réseau dans le football. Mais en Afrique, on nomme couramment les gens par leur prénom : M. Jean Claude, M. Didier, M. Bernard... Ça compliquait toute recherche.

M. Ahada était visiblement embarrassé. Cette histoire surgie de nulle part lui coûtait un temps qu'il n'avait pas. Il devait pourtant trouver une solution, le Consul Général lui ayant personnellement confié l'affaire.

— Où sont vos jeunes footballeurs ? demandai-je à Jean Romain après un silence.

— Au troisième étage, dans la salle des fêtes, je vous y conduis.

— Je vais voir ce que je peux faire, M. Ahada. Je ne vous promets rien. En tout cas je vous appelle si j'ai du nouveau.

— Vous me tirerez d'un réel embarras, M. Mbvoumin !

Alors que je quittais le bureau du diplomate à la suite de Jean Romain, j'étais loin de me douter que je mettais le doigt dans un engrenage infernal : celui du trafic international des jeunes footballeurs africains.

9. PARIS, DÉPOTOIR DU FOOT AFRICAIN

Au lendemain de ma visite à l'ambassade du Cameroun, je passai au peigne fin les stades de football situés aux portes de Paris, pour retrouver l'agent Bernard. D'après mes informations, c'est au stade Jules Ladoumègue, Porte de Pantin, et au stade Auguste Delaune de Saint-Denis, que j'avais des chances de le rencontrer : c'est là que s'entraînaient les footballeurs sans clubs ; c'était aussi le rendez-vous des agents sportifs low-cost, qui venaient y faire leur marché.

Au stade de Saint-Denis et à la Porte de Pantin, je découvris, stupéfait, de véritables camps d'entraînement clandestins de footballeurs africains. Je mis à jour un monde du football parallèle, un football underground réellement inquiétant.

La plupart des joueurs présents n'avaient pas su convaincre les clubs professionnels ou avaient été renvoyés des centres de formation. Certains n'avaient jamais effectué les tests sportifs pour lesquels ils étaient venus en Europe, floués par des intermédiaires véreux. Ces recalés du foot pro se retrouvaient à Saint-Denis et à la Porte de Pantin, dans l'attente d'une hypothétique occasion de rebondir. Or, les séances d'entraînement qui leur étaient proposées ici n'avaient rien de structuré, mais c'était le seul moyen pour les jeunes Africains de se préparer en vue de tests professionnels. C'était une illusion, car les clubs pros ne prenaient plus de risques avec les sans-papiers. Elle était révolue, l'époque où ils proposaient des contrats aux « sans visas », leur permettant ainsi d'obtenir une régularisation. Même aux clubs pros, les vannes administratives étaient fermées.

À Saint-Denis et à la Porte de Pantin, une centaine de joueurs répétaient leurs gammes, sous la houlette de « grands frères » africains et haïtiens. Ces derniers vivaient de cette activité, ventilant des joueurs à travers la France, l'Europe et l'Asie, très souvent sous fausse identité.

À Saint-Denis et à la Porte de Pantin, les sans-papiers côtoyaient des internationaux africains venus entretenir leur forme physique entre deux contrats ou deux avions. Autour du terrain synthétique dernière génération, des recruteurs français, italiens, espagnols, polonais ou turcs scrutaient l'évolution des joueurs sur le terrain. Ils proposaient des opportunités professionnelles aux Émirats arabes unis, en Indonésie, en Thaïlande, mais aussi dans les clubs de deuxième ou troisième zone du Luxembourg, de Belgique, d'Écosse ou des Pays-Bas. Ces rapaces imposaient des deals iniques aux Africains, profitant du besoin qu'avaient ceux-ci de retrouver un point de chute sportif. Le recrutement illégal de footballeurs africains enrichissait des intermédiaires véreux et causait des dégâts considérables au plan humain.

Le mal-être se répandait parmi les footballeurs sans-papiers des portes de Paris, même s'ils chantaient et dansaient à tout bout de champ, pour « mettre l'ambiance », mais surtout pour se mettre du baume au cœur. Ces jeunes joueurs trainaient un lourd héritage d'échecs, de honte et de culpabilité et ployaient sous les problèmes quotidiens de survie. Ils restaient pourtant convaincus de leur réussite future, motivés en cela par les exemples de stars africaines passées par des galères avant de rencontrer la gloire internationale. L'histoire de Samuel Eto'o circulait, entretenant l'espoir. Or avec le temps, sans qu'ils s'en rendent compte, le talent des joueurs sans-papiers s'étiolait et certains étaient devenus l'ombre sportive d'eux-mêmes.

La situation de ces footballeurs âgés de 15 à 20 ans m'a profondément surpris et choqué. Très peu avaient accès aux soins médicaux, faute d'Assurance maladie. Certains n'avaient pas vu de médecin depuis un ou deux ans. Anicet, un Gabonais, se plaignait de problèmes dentaires, sans pouvoir les traiter. Pape, un Sénégalais, traînait la douleur de ce qui semblait être une hernie et ne savait comment faire. Simplice, un Camerounais, s'était fracturé le tibia et le péroné lors d'un match d'entraînement et il boîtait bas. La qualité de sa rééducation se discutait et son avenir sportif s'inscrivait désormais en pointillé. La plupart des jeunes ne disposaient d'aucun domicile fixe, certains logeaient chez de parfaits inconnus rencontrés dans la rue. Christophe, un autre Camerounais, avait été accueilli par un couple de compatriotes, avant de s'enfuir. En échange d'une couchette au salon et d'un plat de nouilles quotidien, il faisait le ménage et la nounou pour ses bienfaiteurs, vingt-quatre heures sur vingt-quatre. Des jeunes souffraient de malnutrition, comme Akpo, un Ivoirien, qui avouait être réduit à commettre des larcins pour manger.

À plusieurs reprises, je me rendis ainsi à la Porte de Pantin et à Saint-Denis pour écouter les jeunes footballeurs africains isolés. Et je ne manquais pas une occasion de leur demander s'ils connaissaient M. Bernard. Mais l'agent restait un illustre inconnu.

10. FOOTBALLISÉ

Lorsque je rendis à nouveau visite à M. Ahada, le conseiller culturel de l'ambassade du Cameroun n'avait pas retrouvé l'agent Bernard. Mais il avait assuré pour l'essentiel : rapatrier Jean Romain et ses jeunes footballeurs au pays. La puissance publique disposait de certaines ressources, habile ainsi à se tirer d'embarras dans les situations d'urgence.

Je fis part au diplomate de mes investigations infructueuses aux portes de Paris. Je lui rapportai ce que j'avais vu des conditions des jeunes footballeurs africains à Saint-Denis et à la Porte de Pantin.

— Comment est-ce possible, tous ces jeunes sans-papiers en France ? fit-il, sidéré. Le foot africain va dans le mur !

— C'est clair ! fis-je en hochant la tête, incapable de dire mieux.

— Le football africain a bien changé depuis l'époque où vous jouiez au Canon de Yaoundé, Monsieur Mbvoumin, dans les années 1990 ! Et plus loin encore, depuis ma propre époque !

Le conseiller culturel me raconta alors, non sans fierté, qu'il avait lui-même joué au football dans sa jeunesse, aux Caméléons de Douala, une équipe de troisième division.

C'était avant que son père ne stoppe net cette passion-foot qui concurrençait ses études.

— À mon époque, Njo Léa était l'un des rares joueurs professionnels camerounais en Europe. Et encore, il demeurait en France comme étudiant. L'Europe ne s'imposait pas alors comme une obsession. Le football offrait un loisir de plein air comme un autre et nous tapions dans la balle sans arrière-pensées professionnelles. Aujourd'hui, c'est la dérive...

— Tenez-vous tranquille, j'ai rencontré deux petits fugueurs ! Ils ont déserté leur équipe nationale à l'occasion d'un tournoi en Bretagne. Et malgré leurs problèmes, ils ne souhaitent pas rentrer au pays…

— L'immigration clandestine semble s'être développée autour du recrutement de ces jeunes footballeurs. Mais que faire ? La jeunesse africaine est confrontée à une mondialisation qui vend du rêve. Elle est victime du chômage et de la télévision par satellite, qui ne montre que le côté idyllique de l'Occident !

Monsieur Ahada en savait un rayon sur ce sujet et sur d'autres encore. Il m'expliqua la situation économique des pays africains, qui, affirmait-il, vivaient sous perfusion du *Front*[25] monétaire international. Les pays du sud, exsangues, avaient du mal à employer une jeunesse nombreuse, dont une bonne frange croyait que l'avenir passait par la fuite vers l'Occident.

L'ancien sociétaire des Caméléons parla de l'organisation du football, en général, qui semblait comme fondée sur le principe de corruption. Sans pitié, il fustigeait l'argent fou qui gangrenait ce sport si populaire, et la mauvaise gestion qui prévalait dans certaines fédérations africaines. Celles-ci ne rendaient de compte à personne, pas

---

[25] Fonds

même aux États, confortées en cela par la FIFA, qui brandissait à tout bout de champ la menace d'une suspension en cas d'ingérence dans les affaires du football. Certains politiciens, il est vrai, n'attendaient qu'une occasion pour faire main basse sur l'argent du football, en nommant leurs protégés à la tête des fédérations.

M. Ahada s'indignait du fait que les fonds alloués par la FIFA aux fédérations, pour le football des jeunes, étaient détournés ou finissaient dans la poche de dirigeants fédéraux. Résultat : des gamins venaient se perdre en Europe, faute de recevoir chez eux le minimum d'encadrement.

Lorsque je pris congé du diplomate, après deux heures d'entretien sur la politique et la géopolitique du football, mon cerveau ramait. Un processeur inutilisé jusqu'ici s'était mis en route et tentait une mise à jour de ma vision du monde du football. Je n'avais jamais vu les choses sous l'angle du conseiller culturel. Dorénavant, je ne savais plus comment me positionner par rapport aux joueurs sans papiers des portes de Paris. Ni comment interpréter la présence en ces lieux de mineurs africains isolés, sans éducation, loin de leurs familles. Je me demandais ce qu'en aurait pensé Maître de Gonzague. Je considérais soudain le football d'un œil critique. Ce sport fantastique, qui m'avait donné une belle vie, pouvait-il aussi incarner ce monstre qui dévorait le rêve et l'existence des jeunes joueurs africains ? Je me rendais compte, tout à coup, que je connaissais peu le fonctionnement du football et les enjeux économiques, financiers et politiques qui le sous-tendaient. Je ne m'y étais jamais intéressé, j'étais footballisé, formaté par le système pour n'être qu'un joueur, un exécutant, pas pour réfléchir aux problèmes politiques ou de gouvernance.

Après ma visite à M. Ahada, je ne voulus plus parler des jeunes footballeurs sans-papiers des portes de Paris. Le sujet m'affectait au plus haut point. J'essayais alors de me convaincre que tout cela ne me regardait pas, mais je n'y arrivais pas.

11. PREMIERS PAS DE MILITANT ASSOCIATIF

Au cours de l'hiver 1999, j'ai commencé à aider les jeunes footballeurs sans-papiers de la région parisienne. Ceux de Saint-Denis et de Pantin se passaient mon numéro de téléphone sous le manteau, comme un sésame censé ouvrir les portes de la vie légale en France. Je suis devenu le « grand frère » ou le « père », le repère, pour ces oubliés du football. Disposant de peu de moyens, j'ai organisé un réseau d'entraide, constitué de proches, d'amis et de connaissances, qui me fournissaient en tickets de métro, tickets restaurant, vêtements, chaussures et en tout ce qui pouvait apporter soutien et courage aux jeunes nécessiteux.

Rien ne valait l'écoute, pour ces adolescents traumatisés, à des milliers de kilomètres de leurs pays. Les jeunes footballeurs africains avaient besoin de parler, de confier à une oreille compatissante leurs peurs, leurs doutes et leurs espoirs en un avenir européen incertain. J'avais identifié ce besoin lors de mes visites successives à Saint-Denis et à la Porte de Pantin. Je consacrais donc du temps pour les écouter.

André, Ivoirien de 16 ans, fut la première victime de trafic dont j'eus à m'occuper. Il m'appela un soir de décembre, de la Porte de Clichy. Il faisait très froid et le garçon ne savait pas prendre le train pour venir jusqu'à moi, dans le Val d'Oise. Je me déplaçai donc jusqu'à Paris, puis jusqu'à l'entrée du métro où il s'était réfugié. L'adolescent était gelé et près de mourir de faim lorsque je le retrouvai. Je me précipitai dans une échoppe pour acheter un sandwich qu'il avala en moins de cinq minutes. Son agent l'avait lâchement largué, et André passait sa deuxième semaine à la rue. Ne pouvant l'abandonner, esseulé, je lui proposai de l'accueillir à mon domicile.

Par la suite, je pris l'habitude d'héberger les jeunes joueurs sans-papiers chez moi. Jusqu'à ce que des factures téléphoniques astronomiques atterrissent dans ma boîte aux lettres. À mon insu, mes petits pensionnaires appelaient leurs familles en Afrique, depuis ma ligne fixe. Whatsapp et Messenger n'existaient pas à cette époque. Régulièrement aussi mes effets personnels disparaissaient, tout comme les auteurs de ces vols. Les jeunes footballeurs sans-papiers étaient loin d'être des enfants de chœur.

— Tu as tout intérêt à créer une association pour aider plus sérieusement ces gamins ! me conseilla Bertrand, un ami à qui je parlai de mes déboires.

Bertrand était lui-même membre d'un groupe, *À la Campagne !* Il organisait des concerts un peu décalés, en province, durant l'été, dans de vieilles fermes qu'il retapait avec ses adhérents. Il proposa de me donner un coup de main pour les formalités administratives de création. C'est ainsi qu'en décembre 2000, je réunis des amis à mon domicile, pour fonder Foot Solidaire[26]. J'ignorais qu'au même moment, à 6 000 km de là, à Bamako, une conférence sur le trafic des footballeurs africains se tenait. Je ne savais rien de la loi française de 1901 et je ne m'appuyais sur aucun plan, aucune stratégie, en dehors de

---

[26] L'association fut officiellement créée le 28 décembre 2000, sous la dénomination de « Culture Foot », avant de devenir « Culture Foot Solidaire » en 2003, « Foot Solidaire » en 2010. La conférence de Bamako eut lieu les 21 et 22 décembre 2000.

vouloir à tout prix fournir une aide matérielle et un soutien psychologique aux victimes du foot-business. Je me lançais dans la vie associative sans expérience et je me voyais militer deux ou trois ans, tout au plus. En réalité, j'entreprenais un voyage en ballon qui allait bouleverser les vingt prochaines années de mon existence.

12. AIMÉ JACQUET

En septembre 2003, le journal *L'Équipe* publia l'histoire de Boris Ngouo, un Camerounais victime de trafic en Allemagne. Quelques jours plus tard, je témoignais sur le plateau de Canal Plus, aux côtés du jeune footballeur et d'Aimé Jacquet, l'entraineur des Bleus champions du monde 1998. Après l'émission, Aimé m'entretint en particulier, curieux de comprendre ce qui se passait avec les jeunes Africains en France. Cet aparté fut décisif, puisque l'ancien sélectionneur, devenu DTN[27] à la fédération française de football, prit dès lors fait et cause pour Foot Solidaire.

Aimé Jacquet connaissait les rouages du football et ses précieux conseils m'apporteront aide et encouragements. Il procurera à Foot Solidaire la dimension stratégique qui lui manquait. Il ne ménagera pas son temps pour accueillir les membres de l'association à son bureau parisien, Avenue d'Iéna, pour des séances de travail.

— Si j'ai accepté ce défi, déclarait-il, c'est pour deux raisons. D'abord par ce que c'est une éthique de vie, une philosophie. Et puis, en tant que DTN, représentant l'institution technique de la fédération française de football,

---

[27] Directeur technique national

je me dois d'être présent, puisque nous sommes constamment confrontés à ces problèmes.

L'ancien sélectionneur des Bleus appréciait l'Afrique, où il comptait de nombreux amis. S'il n'avait jamais voyagé sur le continent noir, il le connaissait un peu pour avoir évolué aux côtés de joueurs comme Salif Keita[28]. En tant que DTN, il était en relation avec des techniciens et dirigeants du football africain. Il se préoccupait des problèmes liés au recrutement international des joueurs africains, sans se douter de l'ampleur du désastre humain causé par le phénomène de trafic.

— Le football atteint un carrefour dangereux, prévenait-il.[29] Et nous, les institutions, nous devons aider tous ces jeunes à exercer leur passion, mais aussi à aborder leur vie future. Une carrière est courte : entre 8 et 12 ans pour les meilleurs. C'est aussi 8 à 10 ans de préparation et c'est dans ce domaine que les fédérations doivent intervenir, car elles n'ont pas d'autre contrainte, d'autre objectif que de construire l'enfant et l'homme de demain.

Le champion du monde se doutait de l'existence et de l'influence des réseaux parallèles de recrutement de footballeurs, entretenus par des clubs européens en Afrique, mais il comprenait aussi les enfants africains qui voulaient à tout prix venir en Europe. Nous nous interrogions dès lors sur les moyens à mettre en œuvre pour permettre à ces jeunes de vivre leur passion le plus longtemps possible chez eux, en Afrique. Je passais ainsi des heures à écouter Aimé parler de football et d'éducation, jusqu'à ce qu'Annie, son assistante, lui annonce un rendez-vous imminent.

Aimé Jacquet pensait qu'on devait aider le football africain à vivre plus sereinement sa dimension internationale.

---

[28] Ancien international malien, premier Ballon d'Or africain en 1970, ancien joueur de l'AS Saint-Étienne
[29] Intervention à la conférence Foot Solidaire, Enghien, 2 novembre 2006

L'Afrique devait rester maîtresse de son destin. Mais en avait-elle les moyens ?

— Nous avons une passerelle incroyable à établir avec l'Afrique, affirmait le technicien. Parce que construire quelque chose à partir de rien est difficile. Forcément, on laisse un espace important dans lequel s'engouffrent des gens qui n'ont pas la même philosophie que nous, qui ne nourrissent pas la même envie d'aider, de soutenir, d'encadrer et de protéger les enfants.

Aimé reconnaissait que l'Afrique avait des possibilités et un potentiel énormes, mais le continent noir était confronté à une question d'organisation, de politique sportive.

— Comment permettre à tous les enfants africains d'avoir la même chance ? disait-il. Nous avons prôné cette idée en France dans les années 1971-72 avec la création, à Vichy, du premier centre de formation, pour donner les mêmes chances à tous les petits Français qui ambitionnaient de devenir professionnels. Très jeunes, les enfants sont déterminés à s'en aller, à réussir. Mais nous avons acquis la certitude que si l'enfant quitte trop tôt son milieu familial (et je ne parle pas que des jeunes Africains), c'est l'échec assuré. C'est avec cette conviction que nous avons mis en place des Pôles Espoirs, ce qu'on appelle la préformation.

Aimé Jacquet pensait que si on arrivait à transmettre ces valeurs, cette philosophie et cette stratégie au football africain, celui-ci vivrait mieux la dimension internationale de son football.

13. HÉRITIER DE GEORGES BOULOGNE

Aimé Jacquet savait que l'association Foot Solidaire luttait dans un combat inégal face au foot conservateur. Mais il ne voyait que deux possiblités : soit on cédait aux trafiquants d'enfants, soit on tentait quelque chose. Il m'ouvrit donc son carnet d'adresses et me recommanda à des dirigeants du football français, convaincu que tous devaient soutenir mon initiative. Une jeune association a besoin d'encouragements pour avancer et Aimé constituait un solide appui pour Foot Solidaire. Il est devenu mon protecteur et pendant tout le temps de notre collaboration, je n'eus pas à déplorer d'actes hostiles visibles de la part du foot conservateur. Le parrain de Foot Solidaire permit à l'association d'intégrer le paysage sportif français ou, tout du moins, d'y être toléré.

— Beaucoup viennent à nos conférences pour la photo, lui annonçais-je un jour. D'autres se montrent clairement hostiles à mon action et n'hésitent pas à me le faire savoir…

— Sois patient, me conseillait-il. Aie de la conviction et sois toujours respectueux. Notre chance avec le football, c'est que notre engin est rond. Et quoiqu'il arrive, il roule...

Mon parrain se méfiait de la récupération. Il connaissait bien le foot pro, mais par philosophie et pour des raisons personnelles, il préféra rester avec le football de base, c'est pourquoi il était devenu DTN. Aimé donnait la priorité à la transmission des valeurs, et il n'avait de cesse de le répéter aux anciens cadres de son équipe de France, aux Zidane, Deschamps, Dessailly, qui se destinaient au métier d'entraîneur… Lui-même était fier d'appartenir à une lignée de grands techniciens et considérait Georges Boulogne[30] comme son maître. En tant que maillon de cette chaîne générationnelle, il prenait ses responsabilités et la cause des jeunes Africains au sérieux.

Aimé Jacquet manquait de temps, il réussissait néanmoins à m'en consacrer. Nous nous réunissions parfois dans son véhicule en plein Paris, pour faire le point. Je l'attendais dans la rue, mes dossiers sous le bras. Sa voiture aux vitres teintées s'immobilisait à ma hauteur, tout au bord du trottoir. Je m'y engouffrais avant qu'un fan ne le reconnaisse et crée l'émeute. Je lui exposais le compte rendu de mes démarches, et il écoutait en silence. Il posait ensuite une ou deux questions, puis nous nous séparions.

Un jour qu'il pleuvait sur les Champs-Élysées, mon parrain m'a retenu une demi-heure de plus dans son véhicule, malgré un rendez-vous important qui l'attendait. Il refusait de me laisser partir sous l'averse. Aimé Jacquet se comportait ainsi avec tous, hommes nobles ou populaires, célébrités ou anonymes. Grand seigneur, il n'a jamais voulu qu'on baptise stades, monuments ou rues à son nom, malgré les sollicitations de la France entière après la victoire au mondial 1998.

— Pourquoi ? lui demandai-je un jour. Et je compris à son silence que c'était un sujet trop personnel.

---

[30] Premier DTN de la FFF (1970-1982). Il imposa aux clubs professionnels la mise en place de centres de formation. Il réforma la formation des entraîneurs et inspira la création de l'Institut national du football (INF) avec son programme de détection des jeunes talents.

En 2008, Aimé m'annonça qu'il renonçait avec regret à continuer l'aventure à mes côtés. Il quittait Rambouillet dans les Yvelines où il résidait, pour un petit village en Haute Savoie. En homme public très sollicité ces dernières années, il voulait se mettre au vert, et quoi de plus naturel pour un ancien Stéphanois ? J'étais déçu, bien-sûr, mais j'éprouvais surtout de la reconnaissance envers lui, pour ses services rendus à Foot Solidaire. Mon parrain m'avait mis le pied à l'étrier. Homme de parole, il avait rempli son contrat moral vis-à-vis de l'association. De figure symbolique de Foot Solidaire, il fut même parfois conduit à un rôle actif. Mais Aimé, à la personnalité loyale et sincère, agissait toujours par conviction et nul ne lui aurait rien imposé.

— Ça va être dur sans toi… lui dis-je. Plus dur…

— Tout le mérite du travail fait jusqu'ici te revient. Tu dois continuer, tu dois réussir, afin que les enfants, pas seulement africains, puissent réussir une vie totale, dans le respect d'eux-mêmes.

Aimé Jacquet parla avec chaleur et enthousiasme, me rassurant sur mon leadership. Il savait ma mission difficile, car beaucoup de paramètres m'échappaient encore. Mais il restait convaincu que Foot Solidaire ferait son chemin et triompherait tôt ou tard dans l'univers du football, lorsque les consciences s'éveilleraient, y compris celle des conservateurs, et comprendraient la nécessité de mieux protéger les enfants.

Au moment de nous séparer, le champion du monde me remit le tee-shirt de la victoire de 1998, dont il fut l'artisan. L'avant du maillot était orné d'une dédicace : *À Jean Claude, homme de passion et de générosité.*

Mon parrain avait pris du recul, mais je continuais à l'appeler pour des conseils ou pour parler football africain. En quatre ans de coopération avec le grand homme, Foot Solidaire avait fait du chemin. L'association était devenue la référence mondiale en matière de protection des jeunes footballeurs. Elle ne se contentait plus d'organiser des barbecues et des matches de gala en Val d'Oise ; elle créait le changement social, propice à mieux sécuriser les jeunes joueurs, tous les jeunes joueurs.

14. TRAITE OU TRAFIC ?

Quand on parle de trafic, de traite d'êtres humains ou d'esclavage moderne, s'agissant des dérives du recrutement international des jeunes footballeurs africains, des cris d'indignation et d'incompréhension s'élèvent de part et d'autre de la Méditerranée. Comment, sinon, qualifier ce commerce transnational d'enfants sportifs entre l'Afrique et l'Europe ? C'est vrai, beaucoup utilisent, à tort et à travers, les mots de « trafic » et de « traite » pour désigner certaines dérives du recrutement international des jeunes sportifs. C'est l'occasion d'expliquer les différences fondamentales qui existent entre ces deux notions.

Le « trafic de migrants » est un crime impliquant l'assistance à l'entrée illégale d'une personne sur le territoire d'un État duquel cette personne n'est ni un ressortissant ni un résident, en vue d'obtenir une contrepartie financière ou tout autre bénéfice matériel. Il y a accord entre deux personnes. À destination, le migrant illégal est libre et n'est pas sous le contrôle du « passeur ».

La « traite des personnes », aussi appelée « esclavage moderne », se distingue par le caractère contraint de l'activité. L'implication est forcée ou « coercitive » ou en l'absence de libre consentement. En outre, l'exploitation du migrant est un élément constitutif de la traite. Ces éléments sont essentiels pour distinguer la « traite des personnes » du « trafic illicite de migrants ».

Une autre différence fondamentale entre les deux concepts est « l'exploitation » et « l'abus » de la personne dans le cas de la traite, et « l'avantage financier » qui découle de « l'immigration illégale » dans le cas du trafic. Si, dans ce dernier cas, l'élément « exploitation de la personne » est absent, cela reste un élément constitutif de la traite, car une fois arrivées à destination, ses victimes demeurent sous le contrôle d'une ou plusieurs personnes ou d'une organisation criminelle, et sont soumises à des conditions d'esclavage.

Le trafic peut être transnational ou s'opérer à l'intérieur d'un même pays, mais le caractère transnational est une donnée nécessaire du « trafic de migrants » et de la « traite des personnes », puisque le migrant doit être transporté hors des frontières de son pays. Le profit est une motivation dans les deux cas : issu de l'immigration clandestine, il s'obtient avant le transport et l'entrée ou le séjour illégal dans le pays de destination ; de la traite, il vient de l'exploitation et de la servitude des victimes ainsi que pour dettes.

Une personne de moins de 18 ans, un enfant, ne saurait donner son consentement pour être l'objet d'un trafic. Cette simple vérité suffit à démontrer qu'il y a eu coercition, tromperie ou usage de la force. Les éléments à prendre en compte pour qualifier la traite des personnes ici sont : l'acte, les moyens et l'exploitation.

Au sens du Protocole de Palerme de 2002, additionnel à la convention des Nations Unies, la traite d'êtres humains (TEH) se définit comme : *le recrutement, le transport, le transfert, l'hébergement ou l'accueil de personnes, par la menace ou le recours à la force ou à d'autres formes de contrainte, par enlèvement, fraude, tromperie, abus d'autorité ou d'une situation de vulnérabilité, ou par l'offre ou l'acceptation de paiements ou d'avantages pour obtenir le consentement d'une personne ayant autorité sur une autre, aux fins d'exploitation.*

On retrouve ici les principaux éléments du trafic des jeunes joueurs : le recrutement, le recours à la fraude, à la tromperie, l'acceptation de paiements, la finalité économique. Mais les éléments de « traite » sont également présents lorsque les auteurs du déplacement des jeunes sportifs maintiennent ces derniers sous leur dépendance après leur arrivée en Europe, et confisquent tout ou partie de leurs salaires et de leurs revenus.

Le trafic de jeunes footballeurs s'accompagne du « blanchiment » de joueurs via des pays « sas »,[31] de l'exploitation économique de ces sportifs par les passeurs, dans les pays de transit ou de destination, de l'exploitation par les clubs amateurs européens, de la confiscation des documents de voyage, de l'abandon pur et simple des jeunes en cas d'échec...

La migration du jeune footballeur africain est souvent un projet familial, où l'espoir économique d'une famille entière repose sur le talent d'un seul jeune homme. Dans d'autres cas, c'est un moyen comme un autre d'échapper à une situation sociale précaire. Mark Hann, de Global Sport, Université d'Amsterdam, a travaillé aux côtés de jeunes footballeurs à Dakar (Sénégal). Pour le chercheur, le trafic est incorporé dans une matrice complexe de relations familiales, de conditions économiques et d'attentes culturelles. Pour lui, le terme de « trafic » crée une opposition binaire pure entre les « victimes » et les « migrants économiques », alors que la réalité est plus complexe. Il n'est pas toujours simple de déterminer qui est

---

[31] Les joueurs transitent par des pays d'Europe de l'Est et centrale, notamment, où les conditions d'immigration sont plus souples et y obtiennent un titre de séjour leur permettant ensuite d'accéder aux pays d'Europe occidentale. Dans plusieurs cas, l'état-civil du joueur est falsifié, pour effacer le club formateur africain initial.

victime de traite et qui ne l'est pas, le processus impliquant de nombreux acteurs, victimes et auteurs du trafic compris. Pour M. Hann[32], parler de « joueur victime de la traite » est une tentative pour lier des histoires de migration aux régimes européens de déportation et d'humanitarisme. Dans un contexte où devenir prospère est inextricablement lié à la migration, il est souvent difficile de tracer une frontière entre l'exploitation, les pressions familiales et l'auto-entrepreneuriat, et entre traite et risque calculé.

Mais qui est « joueur trafiqué » et qui est « immigrant illégal » ? Un joueur victime de traite et/ou de trafic peut tout aussi bien être - et est souvent - un migrant économique, une personne qui a pris un risque calculé, en toute connaissance de cause. Dès le prochain chapitre, je vais m'atteler à présenter quelques cas de jeunes rencontrés, afin que chacun se fasse une opinion.

---

[32] Conférence Foot Solidaire, Dakar, 7-8 décembre 2015

15. UNE QUESTION DE VIE OU DE MORT

Dès huit heures ce matin-là, j'attendais un rendez-vous au Café du Nord, en face de la gare parisienne du même nom. La veille, j'avais reçu un SMS inquiétant : *je veux vous voir. Question de vie ou de mort.* C'est pourquoi je patientais en ce lieu fixé par l'auteur du message, un jeune footballeur africain. Pourtant il arriva avec une heure de retard, tout sourire, comme s'il avait soudain résolu son affaire majeure de vie et de mort. Il s'en excusa : sans titre de transport, il se déplaçait frauduleusement dans le métro, jouant au chat et à la souris avec des contrôleurs lourdement armés, ce qui lui faisait perdre du temps.

Il s'installa et je sortis mon bloc-notes. Les jeunes footballeurs se méfiaient dès que l'on consignait leurs déclarations, mais je n'avais pas le choix, j'avais besoin d'écrits, pour un meilleur accompagnement de ces jeunes.

— Parle-moi de toi. Comment t'appelles-tu ? D'où viens-tu ?

— Je m'appelle Dobi. J'arrive d'Accra où vivent ma mère, ma petite sœur et mon frère aîné.

Le père du jeune migrant partit de la maison lorsqu'il avait cinq ans. À douze ans, Dobi dut quitter l'école, qu'il n'aimait que parce qu'on y jouait au football, sa passion. Il commença alors à travailler pour aider sa famille. D'abord chez un marchand qui faisait carrière dans le commerce de l'or, puis dans un taxiphone, comme il y en a à tous les coins de rue en Afrique de l'Ouest. Parallèlement à ces activités, le jeune homme s'entraînait avec l'équipe de football de Jamestown, son quartier.

Un jour, Baba, un voisin qui croyait au talent du jeune footballeur, offrit à Dobi une paire de chaussures de football neuve et le recommanda à John, un agent dans ce domaine. John avait une opportunité de voyage pour la Malaisie. Il proposa d'y transférer Dobi. Ensuite, si ça marchait, il serait transféré en Europe. Mais John n'était pas un philanthrope : il réclama 3000 dollars, et la mère du jeune footballeur s'en acquitta sur le champ.

Un mois plus tard, John et des habitants de Jamestown accompagnaient Dobi à l'aéroport pour le grand voyage en Malaisie. L'adolescent manifestait une vive anxiété et des signes de nervosité. Il n'avait jamais quitté son quartier, au centre d'Accra, où il était né seize ans plus tôt. Mais John le rassura : Ismaël, son associé, le prendrait en charge dès sa descente d'avion. Il n'avait pas à se soucier, il ne manquerait de rien à Kuala Lumpur.

Ismaël accueillit Dobi avec bienveillance à Kuala Lumpur et l'aida à se loger dans un foyer pour migrants africains. Ismaël assura qu'il lui trouverait bientôt un club, mais l'homme disparut pendant un mois sans donner de nouvelles. Dobi devait se débrouiller seul au centre pour manger et ce qu'il avait d'économies s'épuisa. Alors qu'il pensait rentrer au Ghana, il rejoignit une équipe amateure, où l'on offrait de la nourriture aux joueurs à la fin de chaque entraînement.

Lorsqu'Ismaël réapparut, ce fut pour exiger du jeune Ghanéen qu'il paye le loyer ou lui remette son passeport. Ismaël voulut le contraindre par la force, mais Dobi avait grandi à Jamestown et savait se défendre. Dans la bagarre, le passeur le poignarda avec un couteau de boucher.

— Voyez ! fit Dobi en retroussant la manche de sa chemise, pour me montrer la cicatrice à l'avant de son bras droit.

Après cet incident, le jeune footballeur fut expulsé du foyer africain et pendant des mois, il vécut dans la rue, désabusé et d'humeur mélancolique. Son séjour en Malaisie ne se déroulait pas comme le lui avait dit John. Il se sentait floué. Pourtant, il évitait de raconter à sa mère la vérité sur sa situation et ses conditions de vie à Kuala Lumpur. La pauvre en aurait fait un infarctus. Le jeune homme reprit espoir lorsqu'il rencontra Billy, un agent de joueurs qui proposait des essais dans des clubs en Europe de l'Est, contre 2 000 dollars. La mère de Dobi envoya la somme via Western union. Mais à peine Billy encaissa-t-il l'argent qu'il s'évanouit dans la nature. Acculé, Dobi songeait au suicide lorsqu'Adu, un Ghanéen, lui permit d'obtenir un visa pour la République tchèque, contre 2 000 dollars supplémentaires. À Prague, Kwaku, un autre Ghanéen, l'accueillit pour le conduire en France.

Dobi atteignit Troyes par une nuit de décembre. Kwaku l'introduisit auprès de Sara, une recruteuse. Celle-ci lui arrangea un essai au club professionnel local. Malheureusement il échoua au test sportif, et son visa arrivant à échéance, Kwaku lui conseilla de rentrer à Jamestown. Mais Dobi refusa de manière énergique. Il resterait en Europe, sa mère avait décidément dépensé trop d'argent, il s'interdisait d'abandonner. La chance finirait par lui sourire et il réussirait dans le football français. Kwaku le flanqua donc à la porte, menaçant de le livrer à la police des frontières s'il ne quittait pas la ville.

Alors qu'il racontait son épopée, le jeune footballeur était en proie à de vives émotions, comme s'il revivait les faits. Il en oubliait de boire le chocolat chaud que j'avais commandé pour lui. Il avait étalé sur la table des documents et des photos, preuves de ses dires.

Dobi secoua la tête.

— En Europe, les Africains oublient leur esprit de solidarité. À cause de Kwaku, je suis à la rue ! À Troyes, des Blancs m'ont aidé…

À Paris, Dobi ne connaissait personne. Il passait la nuit dans les jardins publics ou des immeubles désaffectés. Un jour, tout à fait par hasard, il rencontra un homme parlant un dialecte ghanéen. Ce dernier l'orienta vers un point d'accès au droit qui le redirigea vers Foot Solidaire.

Après deux heures d'entretien, le temps était venu de conclure la réunion avec Dobi. Je lui conseillai d'oublier le football pour un moment, et de s'occuper plutôt de sa situation administrative. Je lui remis un contact pour un hébergement provisoire. On se rappellerait dans quelques jours pour faire le point. Je devais me sauver, car de l'autre côté de Paris, un autre jeune m'attendait. Et c'était sans doute aussi une question de vie ou de mort.

16. YAKUBU NE VOULAIT PAS PERDRE SON TEMPS

J'ai rencontré Yakubu, jeune footballeur d'un mètre quatre-vingt-dix à Châtelet (Paris), fin 2013, mais la date importe peu. L'entretien se déroula sur un banc public, au milieu d'une foule de pigeons qui voletaient ici et là, se disputant les restes de nourriture abandonnés par les touristes.

À peine le jeune Guinéen me serra-t-il la main qu'il cracha par terre. Puis il me tendit une enveloppe contenant ses références footballistiques, des photos et un CV.

— Je compte sur vous M. Jean Claude, j'ai besoin de trouver un club professionnel.

— Foot solidaire ne s'occupe pas du placement de joueurs.

— Keine problème ! De toute façon, j'ai un agent. Mon problème, c'est les papiers…

Yakubu séjournait en France depuis un an et n'avait jamais pu défendre ses chances dans un club professionnel. Il était arrivé en Europe par l'intermédiaire d'un agent qui l'avait remarqué en Côte d'Ivoire alors qu'il avait seize ans. L'agent l'avait invité en Allemagne où Yakubu, imposant par la taille, signa un contrat de stagiaire dans un club de la Bundesliga, le championnat professionnel allemand. Le jeune Africain apprit la langue de Goethe et s'intégra socialement, mais la mayonnaise sportive ne prit pas, à cause d'un malentendu. Yakubu voyait son avenir au poste d'attaquant de pointe, alors que ses entraineurs le trouvaient meilleur en défense centrale... Deux ans après son arrivée en Allemagne, le jeune Guinéen dut quitter les bords du Rhin pour la France, où son agent lui dit avoir arrangé un essai dans un club parisien. Dans la capitale française, Yakubu attendit son conseil pendant des jours, en vain, avant de comprendre qu'il avait tout simplement été abandonné, comme un chien dont on se débarrasse sur une aire d'autoroute.

— Scheisse ! fit le jeune Guinéen en crachant à ses pieds. Ce type a gagné de l'argent sur mon dos en Allemagne et il m'a jeté comme une vieille chaussette...

La trahison de son mentor destabilisait Yakubu et le remplissait d'indignation, mais il n'était pas du genre à se laisser abattre. Puisqu'il se trouvait en France, il y resterait. Son titre de séjour allemand restait valide pour quelques mois encore, il s'efforcerait au maximum de signer avec un club pro afin de renouveler ce document officiel. Finalement, Yakubu se retrouva en quatrième division amateur en Mayenne, parce que les dirigeants lui promirent les papiers. Mais lorsque son titre de séjour expira et qu'il devint évident que le club ne tiendrait pas parole, Yakubu rentra à Paris.

Au carrefour européen des migrants africains du football, le destin conduisit le jeune Guinéen dans l'Essonne, dans un autre club amateur. C'était une fierté pour ses nouveaux dirigeants, d'avoir dans leur équipe un ex-stagiaire de la Bundesliga. Le président du club s'engagea par écrit à procurer les papiers au jeune sportif.

Pour Yakubu, sa régularisation ne faisait pas de doute cette fois-ci.

Pendant des mois, le jeune joueur participa aux matches avec sa nouvelle équipe. Il était payé en temps et en heure, quoiqu'« au noir », mais il ne perdait pas de vue son objectif : les papiers. C'est avec l'espoir de les obtenir, qu'il donnait le meilleur de lui-même sur le terrain. Curieusement, les fameux papiers se faisaient attendre. Comme en Mayenne. Et comme par hasard, le président du club ne prenait plus ses appels téléphoniques. Ça sentait le roussi.

— Et la promesse écrite du club ?

— C'était du pipeau. J'ai compris qu'ici encore, je perdais bêtement mon temps. Dumkopf !

Six mois après avoir posé ses valises dans le « 91 », Yakubu plia bagage, sans prévenir ses dirigeants ni son entraineur. A presque 20 ans, il voulait une situation plus stable. Il tenta ensuite une procédure de régularisation, mais se retrouva avec une OQTF[33] sur les bras.

Yakubu me tendit un papier sale et froissé, presqu'illisible, à force d'être plié et déplié : la lettre préfectorale notifiant la décision d'éloignement du territoire français.

— Scheisse ! fit-il après avoir craché. C'est quoi le problème en France, M. Jean Claude ? Petit-Pays[34] a raison : quand les Blancs se présentent en Afrique, on les nomme « coopérants ». Quand nous débarquons en Europe, ils nous étiquètent « immigrés ». C'est franchement injuste !

Yakubu manifestait une vive colère et on pouvait le comprendre. Alors qu'il exposait ses déboires, ses longs bras gesticulaient dans l'espace, comme s'il dessinait le monde idéal dans lequel il voulait vivre, celui où l'on

---

[33] Obligation de quitter le territoire français
[34] Artiste musicien camerounais

n'exigerait pas de permis de travail aux footballeurs africains.

— Tout cela est extrême, extrêmement extrême ! fit le jeune footballeur en crachant sur un pigeon qui s'était trop approché.

Après cette rencontre, je ne reverrai plus le jeune Guinéen. Lorsque j'appelai à son numéro de téléphone quelques jours après pour lui proposer un rendez-vous avec un avocat, une voix féminine m'accueillit au bout du fil. Elle m'informa que Yakubu avait fait route vers l'Italie avec son nouvel agent. Je ne fus nullement surpris. Ainsi en allait-il de la vie des jeunes footballeurs africains sans-papiers : incertaine, imprévisible et sans véritables perspectives.

17. SAINT LAZARE, AIDEZ-MOI !

J'ai toujours choisi le bus pour me déplacer à Paris. Je peux ainsi profiter, paresseusement assis, du spectacle des rues, des monuments et d'autres attractions qui réinventent sans cesse la ville Lumière.

Ce jour-là, je dus prendre la voiture pour me rendre dans la capitale. Je devais récupérer de lourds cartons d'affiches chez un imprimeur du Sentier, avant d'aller rejoindre Julien K. à la gare Saint-Lazare. Je subis donc stoïquement les bouchons du soir, depuis la rue du Sentier, jusqu'à la rue de Rome.

Le lieu de rendez-vous arrangeait le jeune footballeur. Venant de Mantes-La-Jolie, Julien avait un train direct pour Saint-Lazare. Sans correspondance, il risquait moins de s'égarer. Saint-Lazare était aussi un point de repère chargé d'émotions pour le jeune Ivoirien. C'est là qu'il avait vécu plusieurs jours lorsqu'il fut « oublié » par son agent, de retour d'un test sportif en Normandie.

Après avoir trouvé par miracle une place de stationnement, je rejoignis Julien, qui m'attendait rue de Rome. J'invitai l'adolescent dans un fast-food voisin, plus propice à la discussion.

Julien était du genre timide, peu à l'aise. Mais une fois assis au MacDo, devant un double cheeseburger et un Coca-Cola bien frappé, il se mit à table.

— J'ai commencé le foot à 8 ans, dans une académie de Yopougon et j'allais au collège à Toit Rouge.

— Tes parents sont toujours en vie ?

— Mon père est contrôleur dans une usine à Abidjan et ma mère est avocate, quoi ! J'ai deux petits frères de 9 et 13 ans.

Tout en se dévoilant, Julien se tortillait les doigts des mains, au risque de les briser. Il parlait à voix basse, et jetait des coups d'œil furtifs alentour, comme s'il craignait d'être arrêté par la police et rapatrié à Abidjan, qui le vit naître seize ans plus tôt. Je le rassurai. En France, on n'expulsait pas les mineurs étrangers… Pas encore.

C'était regrettable, mais l'histoire de Julien était un classique. Il avait disputé un tournoi à Abidjan, organisé par un « manager » résidant en Suède. Meilleur buteur, l'agent lui avait fait signer un contrat de médiation. Un soir après l'école, le responsable de son académie, Coach Yah, était arrivé au domicile familial pour lui annoncer la bonne nouvelle : Julien avait été choisi pour un essai en France, dans un club professionnel.

Le lendemain, ses parents avaient sacrifié un mouton pour remercier les ancêtres et bénir leur enfant, comme c'était la coutume dans le clan. Quelques jours après, Julien et son coach s'étaient présentés à l'ambassade de Suède pour le visa.

— Pourquoi l'ambassade de Suède ? fis-je, étonné.

— Les délais étaient trop courts pour obtenir un visa à l'ambassade de France, quoi ! L'ambassade de France, c'est compliqué, dèh !

Comme dans un conte de fée, l'ambassade de Suède avait délivré le visa Schengen au jeune talent. Son agent lui avait pris un billet d'avion pour Stockholm, via Paris. À l'escale française, Julien avait débarqué.

— Personne ne m'attendait à l'aéroport, dèh ! Le frère de mon agent aurait dû m'accueillir à Orly, mais il était occupé. Il m'a donc expliqué, par téléphone, comment aller tout seul jusqu'au club.

En Normandie, heureusement, un dirigeant du club guettait Julien à la gare. Dès le lendemain, le jeune Ivoirien fut mis à l'essai.

— On faisait des jeux et des exercices compliqués, que je n'avais jamais appris avec Coach Yah, dèh ! On passait tout le temps à courir, quoi ! Moi je voulais faire un match « onze contre onze » pour marquer des buts.

Après une séance d'entrainement avec l'équipe réserve, Julien fut envoyé avec les jeunes de son âge, les moins de 17 ans. À la fin de l'essai, on le convoqua dans un bureau pour lui dire qu'il ne serait pas recruté au centre de formation. On lui remit son billet de train retour pour Paris.

— Trois jours, c'était trop court, dèh ! fit Julien en se tortillant violemment les doigts. Je ne connaissais pas les autres joueurs et personne ne m'adressait la parole, je n'ai même pas eu le temps de m'adapter. La seule fois où le coach m'a parlé, c'était pour demander d'où je viens. À part ça, personne ne me calculait, quoi !

L'échec était inéluctable, puisque Julien avait joué avec un handicap, une entorse à la cheville. Il se l'était faite à Abidjan, la veille du voyage, mais l'avait dissimulée. Il aurait voulu reporter, mais il subissait une telle pression de son coach, de son agent et de sa famille, qu'il eut peur de les décevoir.

— Quelle malchance ! fit le footballeur. Le sacrifice du mouton, finalement, ça n'a servi à rien, quoi !

Lorsque Julien arriva à Paris en provenance de Normandie, le frère de son agent ne se présenta pas à Saint-Lazare pour l'accueillir. Une fois de plus. Julien l'appela plusieurs fois sur son téléphone portable toujours fermé. Il resta à l'affût toute la journée à Saint-Lazare, déambulant dans l'immense hall de la gare, affamé, traînant son sac de sport et sa cheville douloureuse. Il sortait de temps à temps dans la rue pour prendre l'air, puis revenait se poster devant les quais. Le soir, fatigué, il s'asseyait dans un coin et s'endormait. À son réveil, La nuit était tombée et son estomac criait famine.

Julien passa ainsi trois jours à la gare Saint-Lazare, résigné à faire la manche pour se nourrir. Le troisième jour, il eut comme une révélation. Puisqu'il était à Saint-Lazare, il allait invoquer le saint, pour qu'il lui accorde son soutien.

C'est alors que le jeune footballeur tomba à genoux au milieu de la foule de voyageurs et, levant les mains et les yeux au ciel, il pria.

— Saint Lazare, si tu m'entends, aide-moi ! Je n'ai pas de mouton à te sacrifier, mais si tu viens à mon secours, tous les ancêtres te béniront ! Saint Lazare, j'ai trop faim, aide-moi !

Les Blancs s'écartaient de l'enfant noir à genoux, le prenant pour un fou. Les Noirs l'évitaient, honteux de ce frère qui se donnait en spectacle et ternissait l'image de la « communauté ». Les autres s'en fichaient royalement. Les agents de sécurité, qui imaginaient dépister un signe potentiel de radicalisation, s'apprêtaient à l'embarquer, lorsqu'un homme s'approcha du jeune footballeur. Le Bon Samaritain, père de famille compatissant, releva Julien et après avoir écouté son histoire incroyable, l'invita chez lui à Mantes-La-Jolie. *En attendant de voir...*

Depuis, Julien priait jour et nuit pour que son bienfaiteur, las de nourrir un enfant supplémentaire, ne le jette à la rue, comme c'est la coutume en Europe.

— J'aimerais continuer mes études, dit l'adolescent en se tortillant les mains. Je veux rester en France, Foot Solidaire aidez-moi…

18. LE BON SAMARITAIN N'EN ÉTAIT PAS UN

L'association Foot Solidaire accueillit Amavi, footballeur togolais de dix-sept ans, en fin 2013, mais la date importe peu. Nous avons pris en charge cet adolescent sympathique - au même titre que toutes les jeunes victimes de trafic, mais nous n'avons pas pu l'aider à traverser l'épreuve dans laquelle il était engagé. Toutes nos tentatives pour le placer dans une structure d'accueil publique se heurtèrent à son âge biologique. L'ASE[35] considérait Amavi comme un adulte, se fiant aux résultats de sa radiographie du poignet, un examen censé déterminer son âge mais qui, selon des experts, comporte des marges d'erreur. Pour ce pauvre Amavi, les conclusions erronées de ce test osseux signifiaient la rue à perpétuité.

Amavi était arrivé en France un an plus tôt, pour jouer au Paris Saint-Germain, se plaisait-il à dire. Mais les tests sportifs lui ôtèrent ses illusions et il perdit son bel enthousiasme. Le club ne donna pas suite. Des compatriotes l'hébergèrent le temps de son entraînement au club parisien, puis le mirent à la porte, las d'attendre son contrat et les millions qui devaient l'accompagner. Depuis ce temps-là, Amavi vivait dans la rue, cheminant parfois avec des SDF endurcis.

---

[35] Aide sociale à l'enfance

Jusqu'au jour où, déambulant sur les Champs-Élysées, un inconnu l'accosta et, de fil en aiguille, lui proposa un café, puis le gîte et le couvert. Désespérant de retrouver un logement, Amavi se signa, en bon chrétien catholique, pour remercier le Bon Dieu de ce Samaritain tombé du ciel. Puis il suivit l'homme chez lui, dans l'Essonne.

Je reçus un appel téléphonique du jeune footballeur quelques jours après cette rencontre miraculeuse. Amavi ne s'attarda pas sur les circonstances exactes de la situation, mais je n'insistai pas non plus, pour ne pas gâcher sa joie en lui recommandant une prudence excessive. Son logeur, de son point de vue, était un chic type. En plus du gîte et du couvert, il lui avait offert un téléphone portable. Et pour la première fois en France, Amavi dormait dans un vrai lit, mangeait à sa faim et pouvait se servir dans le frigo à toute heure, sans qu'on lui rappelle la cherté de la vie en France. Tout allait bien.

Un mois plus tard, je reçus un nouveau coup de fil d'Amavi. L'adolescent disait ne plus se sentir à l'aise dans son nouveau foyer. Puis un soir, peu avant minuit, j'entendis sonner à mon domicile : c'était Amavi.

Passée la surprise de le voir à ma porte, je fus consterné de découvrir son œil au beurre noir et sa lèvre tuméfiée, ensanglantée. Quelque chose de grave était arrivé.

— Je me suis battu avec Rocky… Gémit-il en s'affalant sur un fauteuil proche.

— Rocky ?

— Oui, le monsieur qui m'héberge. Il voulait me forcer à faire des choses…

Amavi parlait avec peine à cause de sa lèvre blessée. Depuis des jours, bredouillait-il, le Bon Samaritain l'obligeait à regarder avec lui des revues « bizarres », puis tentait de l'embrasser sur la bouche. Il s'y refusait en riant, croyant à une blague. Ce soir-là, Rocky l'avait appelé dans sa chambre, prétextant un malaise, lui demandant un massage de la poitrine. Pendant que l'adolescent s'exécutait, l'homme tenta de l'immobiliser, de l'enchainer au lit avec des menottes. Le jeune footballeur ne s'était pas laissé faire, se débattant avec violence pour échapper à l'étreinte malveillante…

C'était grave et je conseillai à Amavi de passer le reste de la nuit chez moi. Le lendemain matin, je l'emmenai consulter un médecin. Ce dernier lui proposa de déposer plainte pour cette agression sexuelle, mais il s'y refusa.

— Je ne veux pas d'histoires, je souhaite simplement récupérer mes affaires…

Sans-papier, l'adolescent togolais avait peur de se présenter dans un commissariat de police.

Amavi redoutait de retourner seul chez Rocky, dans l'Essonne, sur les lieux du crime, et c'est pourquoi je l'accompagnai. Le jeune footballeur inquiet se demandait comment allait réagir son ex-bienfaiteur. Rocky essayerait sûrement de confisquer ses effets personnels ou de lui reprendre le téléphone portable. Mais, finalement, et fort heureusement, l'homme, plutôt coopératif, laissa Amavi partir, sans plus rien exiger de lui. Ma présence l'en dissuada sans doute.

Voilà comment se termina l'histoire d'Amavi, qui retourna à Lomé un mois plus tard, traumatisé par son expérience française. Elle montre à quoi peuvent être exposés les jeunes footballeurs africains isolés en Europe. Des affaires comme celle-ci sont légion, mais elles ne sont pas toujours reportées dans la presse ou portées devant les tribunaux.

19. LA TRISTE AVENTURE DE HAMATA

Le trafic et l'exploitation touchent aussi les jeunes filles, et le phénomène est appelé à prendre de l'ampleur avec l'évolution du football féminin et l'afflux d'argent dans ce sport. C'est inéluctable.

Voici l'histoire de Hamata, footballeuse internationale malienne, telle qu'elle-même me l'a racontée un jour d'automne à Paris, mais la saison importe peu.

— Je suis venue en France sur invitation de M. Serge, agent de joueuses de football. Il m'a emmené dans la Loire où j'ai évolué pendant trois saisons et demie à Saint-Étienne.

— C'était plutôt une opportunité, non ?

— Le président du club et mon agent m'ont fait espérer avec de fausses promesses. J'étais logée gratuitement avec d'autres joueuses dans un appartement du boulevard Fauriat à Saint-Etienne et je ne recevais que vingt euros par semaine, pour manger.

Malgré ces conditions esclavagistes, l'internationale des Super Lionnes du Mali fit régulièrement ses preuves sur le terrain, permettant à son équipe d'engranger de nombreuses victoires. Lors de sa deuxième saison, les dirigeants du club décidèrent d'allouer cinquante euros par semaine à Hamata. La troisième année, ils lui en donnaient deux cents de plus pour vivre. Une misère.

— Le président du club m'a exploitée, profitant de ma jeunesse et de ma naïveté. Lorsque j'ai commencé à réclamer des droits, à me plaindre de ma situation, il m'a virée de l'appartement et du club. Je disposais seulement d'un titre de séjour « visiteur » et de vingt euros en poche.

C'est alors que la Malienne entra en contact avec le CMK Nord Allier de Moulins. Les dirigeants de ce club l'avaient régulièrement vue jouer en championnat et s'intéressaient à son profil. Ils lui promirent un travail, avec un changement de statut, Hamata accepta de s'engager pour une saison. *Je n'avais pas le choix, de toute façon.*

À Moulins, l'internationale africaine bénéficia d'un appartement à l'avenue Meunier. Le club lui allouait soixante-dix euros par mois pour se nourrir, en attendant un titre de séjour qui lui permettrait de travailler. Mais toute la saison, la jeune femme espéra, crut en ces promesses. En vain.

— Tes papiers étaient encore valides à ton arrivée au club ?

— Oui, mais à l'expiration de mon titre de séjour, ils m'ont dit de partir, de quitter l'appartement pour un centre d'accueil. J'ai refusé mais ils m'ont virée de force. Je suis donc venue à Paris chez un ami et sa femme, qui m'hébergent actuellement, provisoirement.

Hamata était déboussolée. Elle se retrouvait coincée en France, dans une fâcheuse situation, plus qu'alarmante : sans-papiers, elle ne pouvait pas travailler pour se prendre en charge et elle refusait de se prostituer pour vivre. En respectable descendante de Soundjata Keita, elle restait digne, et altière. Elle avait connu le pire en Europe, le désespoir et la douleur, lorsqu'elle perdit son père et sa mère, et qu'elle ne put assister à leurs obsèques au Mali, faute de pouvoir payer le billet d'avion.

À la fin du récit, les larmes perlaient aux yeux de la jeune femme, et luisaient aux bords de mes paupières. Les tragiques histoires des migrants du football se ressemblaient tristement, avec leurs lots de déceptions, de trahisons et de drames. J'en avais entendu des centaines, et je n'arrivais pas à m'y habituer. Je me faisais sans doute trop vieux pour ce pitoyable voyage en ballon.

20. HISTOIRE D'UN RETOUR RÉUSSI

Rentrer au pays, pour un jeune Africain sans-papiers, relève du bon sens. C'est reculer pour mieux sauter face à une situation administrative et sportive sans issue. Mais la décision ne dépend pas toujours de lui : la famille fait preuve d'une influence considérable.

J'ai souvent été témoin d'échanges téléphoniques surréalistes, au cours desquels des parents signifiaient à leurs adolescents de ne pas prendre l'avion du retour, de « tenir » en France malgré les difficultés. Le message ne comporte, la plupart du temps, aucune ambiguïté : *réussis en Europe ou crève !* La pression des familles contraint les migrants à mentir en permanence sur leur situation.

Le retour au pays s'avère pourtant bénéfique, puisqu'il permet au jeune de rebondir sportivement, psychologiquement et socialement. Cet échec relatif en Europe lui aura apporté plus de maturité et d'expérience pour l'avenir.

J'ai ainsi pu convaincre Bilel de rentrer au Cameroun, son pays natal. L'adolescent s'entraînait avec les sans-papiers de Saint-Denis. Tous ceux qui le voyaient jouer se demandaient ce qui le déterminait à rester là. Sa technique et son intelligence de jeu exceptionnelles mettaient en évidence quelque chose de plus qui le différenciait de ses compagnons de misère. Bilel affichait sa fierté, comme tout footballeur sûr de son talent, et il repoussait les avances des recruteurs low-cost. Il s'était retrouvé en difficulté en France par la faute d'un avocat novice dans les transferts, qui ne sut pas négocier son contrat dans un club professionnel. Bilel attendait son heure à Paris, hébergé par un compatriote.

Un jour de décembre, un peu avant un Noël sans neige, le jeune footballeur demanda à me voir. On se retrouva dans un fast-food, Porte de Clignancourt. Le regard perdu de Bilel fixait la rue et les passants qui se dépêchaient de rentrer chez eux, les bras chargés de cadeaux, ce qui en disait long sur l'état de son moral. Le jeune homme était accompagné de Biko, son « complice », un autre footballeur sans-papiers. Autour de hamburgers et de sodas, nous avons discuté pendant deux heures du cas de figure des deux joueurs de dix-huit ans. Bilel et Biko comptaient sur moi pour s'en sortir, mais j'avais beau retourner leurs situations dans tous les sens, je n'en voyais pas l'issue.

— Que doit-on faire, M. Jean Claude ? fit Biko en tapant du poing sur la table. Comment peux-tu nous aider ?

— Je dois réfléchir, dis-je. Retrouvons-nous dans quelques jours pour en parler, j'ai peut-être une idée…

Une idée qui me trottait dans la tête depuis que j'avais vu les deux jeunes joueurs balle au pied à Saint-Denis. Je m'étais gardé de la leur soumettre ce jour-là, attendant le bon moment. Il se présenta quelques jours plus tard, lorsque j'invitai les deux amis chez moi pour le réveillon de Noël. On se retrouva en famille autour de plats de ndolé, poulet « DG », bâtons de manioc, frites de plantains, poisson braisé… On parla de tout et de rien, jusqu'à ce qu'on en vienne à aborder la situation des deux jeunes footballeurs.

— Pourquoi ne rentrez-vous pas au pays ? lançai-je, allant droit au but. Vous avez largement le niveau pour vous imposer en première division et postuler pour les sélections nationales...

— Retouner au Cameroun ? firent en chœur les deux amis en se regardant. Puis ils se tournèrent vers moi, l'air de dire : *c'était donc ça, ta brillante réflexion ?*

— C'est juste une idée, m'empressai-je d'ajouter. Dans le foot, savoir reculer pour mieux sauter est indispensable. Samuel Eto'o est venu en Europe, tout comme vous. Ça n'a pas marché et il est rentré au pays. On connait sa carrière hors-normes. Au Cameroun, les sélections de jeunes se préparent pour des compétitions l'année prochaine, c'est le moment de tenter votre chance...

C'était la meilleure isssue pour les deux joueurs africains, s'ils poursuivaient réellement l'objectif de football professionnel.

— Je ne dis pas non, déclara Bilel. Si le visa n'était pas si difficile à obtenir pour revenir en France, je serais rentré depuis longtemps...

— Je sais, tu n'es pas le seul à le dire. Mais sans papiers, ton talent ne te sert à rien ici. Strictement à rien. Et le temps passe...

Bilel me fixait comme s'il tentait d'évaluer le sérieux de ma démarche. Le regard de Biko fuyait le mien, allant du sapin illuminé au coin de la pièce à sa paire de baskets Nike dernier cri. Je comprenais leur hésitation à tous les deux. En arrivant en France, ils avaient cru laisser le plus dur derrière eux, et je leur demandais de retourner à la case départ. Au pays, les clubs ne leur proposeraient aucun salaire, sans parler des conditions d'entrainement difficiles. Je prenais pleinement conscience de l'absurdité de la démarche : je les incitais, ni plus ni moins, à tourner le dos à leur rêve européen, sans la certitude d'un prochain retour en France. Je prenais une lourde responsabilité. Mais j'étais prêt à l'assumer, leur talent en valait la peine.

Deux jours après, Bilel seul accepta ma proposition. Une semaine plus tard, je fis intervenir l'ambassade du Cameroun pour lui délivrer un laissez-passer pour son voyage retour, car il n'avait pas de passeport. Je profitai ensuite d'un déplacement au Cameroun pour obtenir l'adhésion de sa famille au projet. Le 10 janvier 2009, à l'heure où mon avion en provenance de Yaoundé touchait le tarmac de Roissy Charles de Gaulle, celui qui reconduisait Bilel au pays natal décollait d'Orly.

Déchargé des soucis du sans-papiers parisien, Bilel n'eut aucun mal à se relancer au Cameroun. Un club de deuxième division l'engagea et après quelques matches, il fut convoqué en équipe nationale des moins de 20 ans. Lors d'une tournée en Grèce avec cette sélection, un scout d'un club espagnol de première division le remarqua. Moins d'un an après avoir quitté l'Europe dans le déshonneur, Bilel signait au « Depor ».

21. FOOTBALL ET POLITIQUE

Le problème du trafic des jeunes joueurs ressemble à s'y méprendre à celui du réchauffement climatique. Malgré les sonnettes d'alarme, malgré des études scientifiques irréfutables prédisant une catastrophe écologique sans précédent à venir, on continue de surexploiter la planète, de détruire l'environnement, repoussant toujours à plus tard la décision de réduire les émissions de gaz à effet de serre. Au nom d'intérêts égoistes, on s'abstient d'agir, on renonce à résister, on tente même de museler les lanceurs d'alerte... L'hypocrisie règne sans conteste.

Face au trafic des jeunes footballeurs africains, les chefs d'État européens réunis à Nice, en décembre 2000, à l'occasion du Conseil Europeén, puis les ministres de la CONFEJES[36] réunis à Bamako le même mois, sonnèrent l'alarme. Après le rapport Donzel, qui dénonçait l'existence d'un marché parallèle, et clandestin, de jeunes footballeurs, entre l'Afrique francophone et l'Europe, les autorités se devaient d'agir. S'en suivirent des déclarations politiques, pour éteindre l'incendie. Mais comment se fier aux politiques pour mettre fin à un trafic qui profitait à tout le monde de part et d'autre de la méditerranée ? Les clubs européens en bénéficiaient, recrutant au lance-pierre des

---

[36] Conférence des ministres de la Jeunesse et des Sports des pays d'expression française

talents sportifs ; les clubs africains et les intermédiaires s'enrichissaient, tout comme les fédérations africaines, qui avaient trouvé un moyen de sous-traiter la formation de leurs joueurs en Europe, sans débourser un franc CFA. Trop d'intérêts financiers étaient en jeu.

La protection des jeunes footballeurs mineurs, finalement, ne fut pas ce qu'elle aurait dû être. On annonça des mesures théoriques, et politiques : elles eurent peu d'impact. *L'indispensable mise en place d'un cadre légal strict, en partenariat avec le monde du sport à tous les niveaux, doit s'accompagner de la création d'opportunités éducatives et professionnelles pour les jeunes athlètes, dans le cadre d'un travail de prévention*, m'écrivit plus tard Wilfried Lemke[37], pour montrer la voie qu'auraient dû suivre les décideurs politiques et sportifs, afin de stabiliser les millions de candidats africains à l'émigration sportive.

En 2019, la machine à fabriquer les sportifs migrants continue de tourner. Dans les rues de Dakar, Bamako, Kinshasa, Brazzaville, Douala ou Abidjan, la pratique du football signifie pour les jeunes le départ pour l'Europe, même sans garantie de contrat. Raffaele Poli[38] démontre que les Africains ont tendance à quitter leur pays très jeunes (18,6 ans en moyenne), contrairement aux Européens et aux Latino-américains (entre 21,4 et 22,3 ans). De nos jours, les jeunes joueurs africains sont souvent recrutés dès l'âge de 12 ans. On estime à 15.000[39] le nombre de mineurs quittant chaque année 10 pays d'Afrique de l'Ouest, à 1, 5 million ceux qui s'exercent au sein des académies « Fast-foot », avec pour idée fixe l'Europe.

En décembre 2000, la réunion de la CONFEJES à Bamako, sur les bords du Djoliba, rassembla des ministres,

---

[37] Conseiller spécial des Nations unies pour le sport au service du développement et de la paix
[38] Chercheur au CIES de Neuchâtel, Suisse
[39] Rapport Foot Solidaire 2014

des experts indépendants, des témoins et des victimes du trafic. Il y avait Jacques Donzel, auteur du célèbre rapport, représentant de la ministre française des Sports, Madame Buffet. Il y avait Jean-Michel Benezet, expert de la FIFA ; Évariste Tshimanga Bakadiababu, Docteur en Économie Appliquée à l'Université Catholique de Louvain (Belgique) et Faouzi Mahjoub, éminent journaliste sportif...

Ces experts confirmèrent les causes du trafic : l'incapacité des clubs africains à offrir aux joueurs des conditions salariales et d'encadrement minimales ; l'absence de véritables stratégies fédérales de formation et de suivi des talents et la pénurie de formateurs. Le football africain faisait face à une pénurie d'infrastructures de haut niveau, combinée à l'inexistence de politiques/stratégies en matière de développement. Les jeunes et leurs familles envisageaient le football comme un moyen de s'élever dans l'échelle sociale, les parents encourageaient donc leur progéniture à tenter l'aventure. Enfin, l'existence d'un vivier de talents attirait les chasseurs de têtes du monde entier. La faiblesse de l'investissement de base sur le jeune joueur africain permettait une plus-value importante aux clubs acquéreurs. *L'Afrique est devenue un enjeu de la géopolitique du football international,*[40] affirmeront Paul Dietschy et Claude Kemo Kembou. Vingt ans après, alors qu'on y a organisé la coupe du monde de football (2010), l'Afrique est toujours uniquement considérée comme une terre d'exportation et d'exploitation des matières premières.

---

[40] Dans *Le Football et l'Afrique*, P.325, E/P/A 2009

22. ÉCHEC AU RÈGLEMENT FIFA

Pour endiguer le trafic des footballeurs mineurs africains, les experts réunis au Mali par la CONFEJES préconisèrent, entre autres mesures, l'interdiction des transactions commerciales sur les joueurs de moins de dix-huit ans, l'organisation de la préformation en Afrique jusqu'à l'âge de seize ans et l'instauration d'une large campagne d'information et de sensibilisation sur tous les aspects liés au trafic et particulièrement sur ses dimensions juridiques. L'aménagement d'une solidarité Nord-Sud s'appuierait sur la mise en synergie des moyens des États et impliquerait les mouvements sportifs nationaux et internationaux ainsi que les partenaires privés. Une des priorités serait le soutien à l'organisation de compétitions rationnelles et régulières de jeunes et la création de structures de formation. Tout allait changer dans le football africain, croyait-on.

Après de houleuses négociations entre la FIFA et la Commission européenne, des mesures furent annoncées le 5 mai 2001 sur une régulation globale des transferts internationaux de footballeurs. En résulta le projet d'une mise en place d'un système de compensation de la formation pour les joueurs de moins de 23 ans, la création de mécanismes de solidarité pour redistribuer une part importante des revenus aux clubs formateurs, amateurs compris, et l'interdiction du transfert international des joueurs âgés de moins de 18 ans.

Or le nouvel article « Protection des mineurs[41] » du Règlement sur le statut et le transfert de joueurs de la FIFA, au lieu d'interdire complètement le transfert international des mineurs non-européens, laissa une dérogation pousse-au-crime (art. 19.a). Sans moyens de contrôle, la règle fut régulièrement contournée par ceux-là mêmes qui devaient la respecter. De 2001 à 2009, jusqu'à ce jour, les clubs, les agents, les intermédiaires, utilisèrent tous les procédés possibles pour tromper le législateur : déplacement des parents de joueurs, attribution de familles fictives aux jeunes joueurs en Europe, etc. La FIFA a toujours rejeté sur l'Union Européenne la responsabilité d'avoir imposé l'alinéa « a » de l'article 19 du Règlement. Mais aujourd'hui, le trafic des mineurs se poursuit, renforcé par le délitement des footballs africains et le développement des réseaux d'immigration clandestine. Vingt ans après les déclarations de Nice et de Bamako, le bilan est clairement négatif. Sans réelle volonté politique, sans actions et projets concrets en Afrique pour les jeunes sportifs, aucun véritable changement n'est possible.

---

[41] Devenu par la suite article 19

23. RECOLLER LES RÊVES BRISÉS

Lors de mes échanges avec les adolescents footballeurs sans-papiers de Saint-Denis et de la Porte de Pantin, au tout début de mon voyage en ballon, je pris vite conscience qu'une écoute attentive et respectueuse représentait mon meilleur atout si je voulais recueillir les informations nécessaires à la mise en place d'un accompagnement efficace des jeunes victimes de trafic. La prise en charge du jeune sportif étranger a pour finalité de l'aider à surmonter l'échec, et de lui prêter assistance pour recoller les morceaux de son rêve brisé.

L'entretien individuel permet de mieux appréhender l'environnement du jeune dans son pays d'origine, la situation économique et sociale de sa famille, ainsi que son parcours/vécu sportif. Il permet aussi de discerner clairement ses attentes et ses ambitions par rapport à sa pratique, reste alors à déterminer si elles sont en adéquation avec son talent réel.

Nous devons impérativement déceler d'emblée les problèmes, supposés ou certains, qui affectent le parcours du sportif et dégager le contexte dans lequel on les contacta sa famille et lui. Lui a-t-on fait signer des documents ? Les conditions du départ du pays d'origine doivent être précisées, ainsi que celles dans lesquelles il a voyagé. À l'arrivée en Europe, a-t-il été hébergé, pris en charge par un club, un agent, des tiers, un membre de sa famille résidant en Europe ? A-t-il subi des pressions ? Si oui, de quels types, morales, nerveuses, sociales ? A-t-il toujours bénéficié de son passeport ? Comment se nourrissait-il ? A-t-il gardé le contact avec sa parenté restée au pays ? A-t-il noué des contacts – cordiaux, chaleureux ou superficiels avec d'autres personnes en Europe ? S'il a atteint la majorité, a-t-il effectué des démarches pour un permis de séjour, fait-il l'objet d'une notification d'éloignement du territoire ou a-t-il été placé en rétention ? L'entretien doit enfin déterminer si le jeune a déjà eu affaire à des associations et quel type d'aide il a reçue.

En France, la loi interdit l'instauration de quotas liés à l'origine ethnique. Les jeunes Africains sans-papiers de Foot Solidaire ne sont donc pas pris en charge en tant que tels, mais en tant que MIE[42]. Or, on ne peut effectuer une prise en charge efficace de ces publics tout en ignorant leur histoire, leur culture. Pour autant, la réussite du projet d'insertion et d'intégration dépend du degré de coopération du primo arrivant.

Nous avons ainsi accueilli Éric, un jeune Camerounais en 2011, mais la date importe peu. À l'issue des entretiens, il fut orienté vers l'ASE, qui rejeta sa candidature à l'issue d'un test osseux. Alors que nous lui avions enfin trouvé un foyer, le jeune footballeur fut mis à la porte de l'institution une semaine plus tard, pour indiscipline. Quelques jours après, Éric se présenta à mon bureau, casquette à l'envers sur le crâne.

— Ils m'ont viré du foyer, M. Jean Claude ! C'est clairement du racisme.

---

[42] Mineur isolé étranger

— Tu téléphonais à haute voix, à minuit, m'a-t-on dit. Tu as ensuite menacé de mort le surveillant. Le directeur du centre m'a m'informé de ton expulsion. J'ai dû m'excuser pour qu'il ne dépose pas plainte contre toi.

— Cet homme me criait dessus ! Comme une merde. J'en avais marre...

— Écoute, Éric. Si tu veux trouver un foyer d'accueil et y rester, si tu veux t'intégrer en France, change de caractère, sois plus respectueux. Sinon, tu iras de problème en problème et l'association ne pourra plus s'occuper de toi.

J'avais pris une attitude menaçante pour qu'il mesure la gravité de son acte. En réalité, je n'avais pas d'autre choix que de l'aider. Mais pour toute réponse, Éric se leva, les poings fermés et sortit de la pièce. Le bureau n'avait heureusement pas de porte, il n'eut pas l'occasion de la claquer.

Une semaine plus tard, je réussis à trouver un foyer qui voudrait bien accueillir Éric à Tours, à une heure de TGV au sud de Paris. Je connaissais La Comète parce que j'y avais placé un jeune Ivoirien, Adou, trois ans plus tôt. J'effectuai donc le voyage jusqu'en Indre-et-Loire pour rencontrer les responsables. Quel soulagement lorsque le dossier du jeune Camerounais fut accepté ! Mais peu de temps après son installation, je recevais à nouveau des appels alarmés de ses encadreurs. Le jeune footballeur se plaignait des dimensions de sa chambre, de son lit, des repas, des horaires de coucher, de tout.

Je me rendis une fois encore à Tours, puis je laissai le soin aux éducateurs spécialisés de continuer le combat. Le jeune footballeur tenait son destin entre ses mains, il avait l'âge de choisir son chemin de vie. Il se plaignait d'avoir été placé dans un foyer de province alors qu'il préférait Paris. Mais à qui en revenait la faute ?

Pour finir, le jeune footballeur africain se retrouva sans-papiers à sa majorité, ses éducateurs ayant présenté des rapports négatifs au Préfet d'Indre-et-Loire. Comme Éric ne voulait pas retourner au Cameroun, son pays natal, je le mis en contact avec un club de la banlieue de Dakar où il prit licence en première division sénégalaise. Ce qui se passa par la suite à Guédiawaye est une autre histoire…

24. BRUXELLES, RETOUR VERS LE FUTUR

Mon Thalys arriva peu après neuf heures en gare de Bruxelles-Midi, ce 28 février 2007, mais, comme il me plaît à le dire, l'heure et la date importent peu. Cela faisait dix ans que je n'avais pas remis les pieds dans la capitale belge, celle-là même qui vit basculer ma carrière sportive lors d'un banal match amical. Cette fois, je ne venais pas en Belgique pour jouer au football. J'avais une audition au Parlement européen. Les députés européens voulaient m'entendre dans le cadre d'un *rapport sur l'avenir du football professionnel en Europe*. Ce n'était pas tous les jours qu'ils invitaient une association à la rue Wurtz et c'était une reconnaissance et une récompense pour moi, depuis six ans que j'œuvrais pour la protection des enfants dans le football.

À la sortie de la gare, un brusque vent froid me lacéra le visage. On était en plein hiver, un hiver belge et impitoyable. Je m'engouffrai dans le premier taxi qui se présenta pour me conduire au Parlement européen.

Bientôt, la joie d'être invité par les eurodéputés s'estompa. Je m'inquiétais quant au déroulement de mon audition devant la Commission Éducation et Culture. Je redoutais d'être mal compris, le trafic des jeunes footballeurs étant encore un sujet méconnu en Europe, en dehors des cercles sportifs. Je profitai donc du trajet pour relire mon exposé, qui paraissait un peu long. Je devais être attentif au temps de parole, ne développer qu'un ou deux aspects du problème, puis préciser le reste lors d'éventuelles questions. Et je priais pour que l'on m'en pose.

Pour un Parisien, les rues de Bruxelles donnent toujours une impression de calme plat, de sérénité. La circulation semble moins dense, les gens peu pressés, même par temps de froid. En une vingtaine de minutes, mon taxi a vite fait de me déposer devant le Parlement européen.

Les drapeaux des États membres de l'UE, soulevés par le vent, semblaient me souhaiter la bienvenue, alors que je gravissais les marches menant à l'imposant bâtiment de verre et d'acier. Dans l'immense hall, une foule de gens allait et venait, comme si toute l'Europe des costards-cravates s'était donné rendez-vous ici. On parlait français, anglais, espagnol, allemand et d'autres langues tout aussi étrangères pour moi. J'évoluais dans l'un des centres politiques européens, là où se dessinait l'avenir de 500 millions de citoyens. Le lieu portait des enjeux énormes pour la vie des gens en Europe.

L'assistante de Jean-Luc Bennhamias vint à ma rencontre au moment où l'on me remettait le badge d'accès.

— Avez-vous fait bon voyage ? sourit-elle.

— Oui, merci, ça n'a pas été bien long !

Gaëlle était une trentenaire élégante, discrète, mais réactive et efficace, comme savent l'être les attachés parlementaires. Son député me permettait d'entrer au Parlement européen afin de promouvoir la protection des enfants dans le football, j'éprouvais envers lui de la reconnaissance. Une fois installée dans son bureau, l'assistante m'expliqua le déroulement de l'audition. Je n'avais pas à m'inquiéter, tout se passait comme pour une réunion de travail classique, élargie ici à deux ou trois cents députés et au public invité...

Jean-Luc Bennhamias en personne nous rejoignit, arborant ce sourire-masque des gens qui s'efforcent de vous consacrer un temps qu'ils n'ont pas. Ce passionné de football était l'auteur en France, au nom du Conseil économique et social, d'un rapport sur le sport de haut niveau et l'argent (2001). Les trafics d'enfants dans le football le préoccupaient, sujet sur lequel il fut sensibilisé lors de la conférence d'Enghien-les-Bains. *Bienvenue au Parlement européen*! déclara-t-il chaleureusement. Puis il me résuma l'idée du rapport qu'il préparait avec ses collègues, sous la direction du Belge Ivo Belet, membre du tout-puissant PPE[43]. Les enjeux du rapport Belet se révélaient sans précédents, dans une Europe du football à la dérive, qui avait le besoin impératif d'être remise à l'endroit, sinon à sa place.

À onze heures, je me trouvais dans l'hémicycle aux côtés de différents experts. Les auditions avaient commencé une heure plus tôt, et les orateurs défilaient les uns après les autres, devant les députés. À mon arrivée, un spécialiste allemand entretenait l'assistance sur l'obésité des enfants. Les écoliers européens, disait-il, menaient une existence de plus en plus sédentaires, et exerçaient de moins en moins de sport, ce qui causait des problèmes de surpoids, et surtout de santé. L'expert demandait des mesures et suggérait notamment le retrait des distributeurs automatiques de sodas et de sucreries dans l'enceinte des établissements scolaires. Cet épisode contribua à atténuer dans mon esprit l'image de « l'Europe loin des gens » que des hommes politiques et des médias véhiculaient.

---

[43] Parti Populaire Européen, un des groupes politiques représentés au Parlement européen

Lorsque ce fut mon tour, une panne de micro m'obligea à changer de place. Je me retrouvai donc tout à fait par hasard à la tribune, aux côtés du président de la Commission Éducation et Culture et du Commissaire européen, le Slovaque Jan Figel.

J'exposai la situation des enfants africains attirés par les lumières du football européen, et qui se retrouvaient livrés à eux-mêmes à Paris, Rome, Amsterdam, Lisbonne ou Bruxelles… J'évoquai la déplorable aventure des jeunes sportifs en déshérence à la fin de leur formation, lorsque les clubs n'en voulaient plus. J'appelai à la responsabilité et à la solidarité du football européen. Après dix minutes, mon auditoire savait l'essentiel sur le trafic des jeunes joueurs entre l'Afrique et l'Europe.

J'avais parlé de la responsabilité du football européen, j'avais touché une corde sensible.

— Ce n'est tout de même pas convenable de jeter l'anathème sur les clubs européens, répliqua Jan Figel. Tout n'est pas noir dans l'ensemble, certains Africains sont couronné de succès en Europe : Samuel Eto'o, Didier Drogba et bien d'autres…

— Loin de moi l'idée de stigmatiser les clubs. Mon propos est plutôt de les responsabiliser. Tous les enfants africains aspirent à la Ligue des Champions, mais nous savons que ce rêve conduit à des dérives inacceptables. Les clubs ont aussi des intérêts à participer à l'effort de prévention.

— Il est effectivement de la responsabilité de l'Europe d'aider au développement de l'Afrique, afin d'assurer sa propre sécurité sur le vieux continent.

Le Slovaque semblait vouloir ménager les clubs européens. Pourtant, son collègue, le socialiste Guy Bono, parlait clairement de *véritables canaux d'immigration clandestine destinés à « fournir » des « camps d'entraînement » où les grands clubs viendront piocher leurs futurs joueurs.* Pour l'eurodéputé français, l'Europe se devait de dénoncer ces pratiques, mais aussi de s'en occuper.

Par la suite, Christina Prêts, une élue allemande, m'interrogea et j'eus l'occasion de l'éclairer sur l'action de Foot Solidaire.

— C'est un bon début ! me dit Gaëlle, à la sortie de l'hémicycle.

— Merci, je vous suis vivement reconnaissant de m'avoir invité, c'est une avancée pour la protection des jeunes footballeurs.

Mon audition au Parlement européen fut donc plutôt bien négociée. Grâce à M. Bennhamias, je disposais désormais d'alliés à Bruxelles, même si je ne voyais pas comment les eurodéputés m'aideraient concrètement. Mes visites suivantes à Bruxelles et à Strasbourg m'éclaireront.

En reprenant le Thalys du retour ce soir-là, je ne haïssais plus du tout la capitale belge. Je ne la considérais plus comme un lieu maudit, à cause de mon échec au RWDM dix ans plus tôt. De l'eau avait coulé sous les ponts, j'avais changé de vie, j'étais un autre homme. Je vivais une nouvelle aventure, un fantastique voyage en ballon pour la cause des jeunes joueurs de football.

25. LE LOBBYING POUR LES NULS

Au printemps 2007, le Parlement européen vota le *rapport sur l'avenir du football professionnel en Europe,* un texte qui reprenait mes propositions pour une meilleure protection des jeunes sportifs. Ce succès, je le devais à Jean-Luc Bennhamias, Ivo Belet, Patrick Gaubert, Adeline Azan et Guy Bono, les députés qui avaient défendu Foot Solidaire. Après cela, je me déplaçai encore à Bruxelles pour les convaincre de pousser plus loin notre avantage. Ils décidèrent de déposer une déclaration écrite[44] sur *la lutte contre le trafic et l'exploitation des enfants dans le football.* Elle fut lancée le 24 avril, au Parlement de Strasbourg.

Sitôt en ligne, le texte recueillit plus de cent signatures de députés européens. L'objectif était d'obtenir la moitié, au moins, des paraphes des MEP[45], afin que la déclaration écrite prenne force de résolution. Avec autant de souscriptions dès la première semaine, je me frottais les mains de satisfaction. La victoire était assurée. Mais les jours suivants, je déchantais, en constatant une subite diminution drastique du nombre de signataires, bloqué à

---

[44] La déclaration écrite, instituée par l'article 116 du Parlement européen, était un texte soumis par au plus cinq eurodéputés, sur un thème précis. Si elle recueillait la majorité des signatures, elle devenait un acte officiel du Parlement et prenait force de résolution. Les déclarations écrites ont depuis été supprimées au Parlement européen (2016)

[45] Member of European Parliament (député européen)

112. Un problème informatique sans doute. J'appelai donc le bureau de M. Bennhamias et Gaëlle m'affirma qu'elle relançait au maximum les parlementaires distraits. Vingt-et-un jours plus tard, le statu quo au compteur des signatures persistait, et je commençais à m'inquiéter sérieusement. Mais pourquoi le flot de participations de la première semaine avait-il subitement, brutalement, cessé d'être alimenté, jusqu'au tarissement complet ? Tous les groupes politiques avaient approuvé et voté les amendements proposés dans le rapport Belet. La déclaration écrite reprenait justement ces idées fortes. On aurait dû obtenir le plus grand nombre de signatures dès le début... Hélas, à l'échéance de trois mois, le texte ne recueillit que 126 maigres signatures. Une misère. Il en manquait 250, au moins, pour renverser la table.

— Notre texte était sans doute trop précis, analysa Jean-Luc Bennhamias, pour expliquer cet échec.

Naïf et ignorant du fonctionnement de la machine politique du Parlement européen, j'avais crié victoire trop tôt. Novice à Bruxelles, je n'avais pas l'expérience pour appréhender le contexte dans lequel naviguait ma petite barque solidaire : un océan où croisaient des sous-marins nucléaires du lobbying et des cuirassés rodés aux manœuvres politiques les plus subtiles. Je n'avais pas tenu compte des coulisses, ni évalué l'impact politique de la thématique que je portais. Une résolution du Parlement européen aurait contraint l'Union Européenne de football et ses clubs. Les lobbyistes du foot conservateur s'étaient donc activés pour enrayer un processus législatif qui semblait menacer leurs intérêts.

Pour autant, si les députés de cette 6e législature relâchèrent la pression sur l'Europe du football, c'est qu'ils faisaient confiance au nouveau président de l'UEFA, Michel Platini, pour régler ce dossier épineux. L'ancienne gloire du football français avait une aura et une influence. *Le football est un jeu avant d'être un produit, un sport avant d'être un marché, un spectacle avant d'être un business,* déclarait-il. Un peu naïve pour qui connait le fonctionnement réel du football, cette vision séduisait pourtant les eurodéputés. Et moi aussi, d'ailleurs.

L'UEFA garantissait également aux députés de s'engager à fond pour la protection des mineurs. Mais cette promesse revêtait une nuance que seuls des spécialistes du football pouvaient déceler : la « protection des mineurs » dont parlait l'instance européenne de football couvrait plutôt celle des clubs formateurs. Les deux notions se confondaient et portaient à confusion. La « protection des clubs formateurs » favorisait les intérêts des clubs, pour les protéger des recrutements rapaces de leurs jeunes, afin qu'ils bénéficient des retombées financières du travail de formation. La « protection des mineurs », quant à elle, protégeait les jeunes athlètes des dangers éventuels de l'environnement sportif.

L'UEFA présenta aux députés européens son *Home Grown Player Rule*[46] (joueurs formés localement) comme solution radicale contre les trafics d'enfants. Les « joueurs formés localement » sont ceux qui, indépendamment de leur nationalité, sont formés par leur club ou par un autre club de la même fédération (européenne), pendant trois ans au moins, entre 15 et 21 ans. Jusqu'à la moitié des « joueurs formés localement » doivent l'avoir été au club lui-même, les autres pouvant venir d'autres clubs de la même fédération.

Pour autant, le *Home Grown Player Rule* ne comporte aucune condition de nationalité, ce qui ne garantit nullement que les clubs européens n'iront pas recruter des

---

[46] Règle entrée en vigueur lors de la saison 2006-2007.

mineurs en Afrique ou ailleurs. La règle n'empêche pas non plus l'engagement d'enfants étrangers de 10 ou 12 ans. On s'en rend compte à la lecture de la presse locale européenne, qui informe régulièrement des exploits de petits prodiges africains de 15 ans, « arrivés au club il y a trois ans »... Pas dupe, le rapport Belet préconisait *de prendre des dispositions supplémentaires pour garantir que l'initiative concernant les joueurs locaux ne génère pas un trafic de mineurs.* Mais en dépit de ces soupçons, les députés européens signèrent un chèque en blanc à l'UEFA, et me renvoyèrent les mains vides.

26. LE FOOT CONSERVATEUR

La simple existence de Foot Solidaire apparaissait comme une insulte aux yeux des conservateurs du football. L'association allait à l'encontre de leurs intérêts, et de ce fait, ils me mettraient les bâtons dans les roues. D'une manière ou d'une autre. Lors d'un gala de football à Paris, un ancien international africain, champion olympique de son état, m'interpella :

— Pourquoi perds-tu ton temps à défendre cette cause ? Fais-toi des amis, fais du business ! Tu connais le système, pourquoi cracher dans la soupe ?

— Crois-tu sincèrement que je perds mon temps ?

— Je dis ça pour toi, frangin ! Sinon, attends-toi à prendre des coups !

Les paroles de l'ancien international me trottèrent dans la tête une semaine durant. Je me demandais alors si j'étais à côté de la plaque, car au lieu de profiter de ma relative notoriété pour faire du business, au lieu de vendre des jeunes joueurs et empocher les millions comme tout le monde, j'aidais bénévolement les enfants écrasés par le foot business. Puis je balayai ces pensées stupides, persuadé que protéger les jeunes joueurs était le mieux que je puisse faire.

Mais qu'était-ce que ce système devant lequel tout le monde s'alignait, se couchait et rampait ? Qu'était-ce que cette « idéologie » pour laquelle certains étaient prêts à vendre leur âme ?

Tel que je l'ai appréhendé, le foot conservateur équivaut au conformisme du football. C'est une vision rétrograde du football et des problèmes qui l'affectent. Tous les gens de ce monde particulier ne partagent heureusement pas cette « idéologie ». Mais les conservateurs occupent parfois des positions de décision au sein des clubs et instances du football. Ils se désintéressent des « valeurs », et quand bien même ils en parlent, c'est dans un but cynique de communication. Face aux actes de racisme, aux trafics d'enfants, au sexisme et à d'autres maux qui gangrènent leur sport, ils dédramatisent et sanctionnent le moins possible. *Le football est à l'image de la société*, rabâchent-ils, à la manière d'une antienne, pour se dédouaner.

Les conservateurs se reconnaissent facilement à leur arrogance et à leur suffisance. Ils snobent le football de base et contestent les droits de l'enfant dans le sport. Ils ne se fient qu'en la toute-puissance de l'argent. Leur rêve : un football « État dans l'État », affranchi des règles et des contraintes sociétales. C'est ainsi qu'en refusant de se conformer au droit européen, s'estimant au-dessus des lois, ils ont déclenché les foudres de la CEE[47], qui trancha dans le vif (arrêt Bosman, 1995), provoquant une dérégulation sauvage du football européen et mondial… En ces temps de crises sociales exacerbées, les conservateurs sont plus que jamais convaincus que les gouvernements n'ont d'autre choix que de soutenir le football, plus que jamais opium des peuples.

---

[47] Communauté économique européenne

27. WILHELM BOULLARD

Ma route croisa un jour celle d'un conservateur du football. La scène se déroula au bureau de Jean-Luc Bennhamias à Bruxelles, au Parlement européen. Le député avait invité des dirigeants du football pour leur présenter Foot Solidaire. À leur tête, Wilhelm Boullard, le conseiller du président de l'UEFA, et Junior Bilbostein, en charge du lobbying à Bruxelles pour le compte de l'instance européenne de football. Des députés s'étaient joints à nous et l'ambiance était conviviale en ce jour printanier. Je me réjouissais par avance d'échanger avec M. Boullard, d'autant plus que je cherchais des contacts haut placés à Nyon, siège de l'UEFA, depuis que l'équipe de l'ancien président Lennart Johansson avait été balayée.

Mais à peine Jean-Luc Bennhamias acheva-t-il de me présenter et d'expliquer le travail de Foot Solidaire que Wilhelm Boullard balaya l'espace d'un geste de la main, comme pour chasser une mouche importune.

— Je n'y crois pas, moi, à ces histoires de trafic d'enfants, éructa-t-il.

— Que voulez-vous dire ?

— On ne va tout de même pas généraliser pour quelques cas. Avez-vous des chiffres, Monsieur Embé ? ...

Comment vous appelez-vous déjà ? Combien de jeunes Africains arrivent en Europe chaque année ?

Un vent traversa le bureau, jetant le froid sur la belle ambiance.

— Nos clubs européens sont encadrés et ne travaillent qu'avec des agents licenciés, poursuivit M. Boullard. Après tout, ces pauvres gamins africains sont bien heureux de séjourner en Europe, même s'ils vivent dans la rue…

Le conseiller de Michel Platini s'exprimait avec autorité, expliquant aux députés européens la gouvernance irréprochable qui serait bientôt mise en place à l'UEFA. Il parla du *Home Grown Player Rule,* la baguette magique qui mettrait fin au trafic de mineurs en Europe.

Jean-Luc Bennhamias demanda si l'UEFA pourrait tout de même, d'une façon ou d'une autre, soutenir Foot Solidaire, comme elle soutenait des organisations comme FARE[48].

Wilhelm Boullard poursuivit sa belle harangue comme s'il n'avait pas entendu.

— Messieurs, le football européen entre dans une nouvelle ère. Nous annoncerons bientôt des mesures pour la protection des jeunes joueurs. Michel vient à peine d'être élu, donnons-lui un peu de temps… Mais c'est en Afrique que vous devez travailler à développer le football, Monsieur Embé… Vous venez de quel pays déjà ?

On n'était pas loin du clash. C'est alors qu'un député intervint.

— Dites, Wilhelm. Comment avancent les préparatifs de la finale de la Ligue des Champions à Athènes,[49] le mois prochain ?

— Oh ! Tout se passe très bien. Les Grecs sont des gens chaleureux et coopératifs. C'est la première finale de

---

[48] Football Against Racism in Europe
[49] Au stade olympique, le 23 mai 2007

Michel en tant que président. Vous y êtes d'ailleurs tous invités, messieurs !

— J'ai hâte d'y être ! Mon épouse est fan de Liverpool, j'espère que les Anglais vont gagner !

— Ne soyez pas si optimiste, mon cher ! Les Italiens n'ont pas dit leur dernier mot…

Quelques instants après, le bureau de M. Bennhamias se vida, Wilhelm Boullard emmenant sa troupe vers d'autres théâtres d'opérations toxiques dans les coulisses du Parlement.

Resté seul, je méditais sur l'incident qui venait de se produire. J'avais du mal à dissimuler ma déception. À l'évidence Wilhelm Boullard avait voulu m'humilier. Quelle suffisance, quel mépris !

— Ne te tourmente pas, Jean Claude ! dit Gaëlle. Tu n'es pas en position de force pour le moment, mais ton plaidoyer se construit patiemment. En tout cas, tu pourras toujours compter sur mon soutien et sur celui de Jean-Luc.

Je quittai le Parlement européen ce jour-là, espérant ne plus jamais rencontrer M. Boullard. Mais j'allais à nouveau croiser l'homme qui murmurait à l'oreille de Michel Platini. Au Palais des nations de Genève, cette fois, à la Villa La Pelouse, bureau de Wilfried Lemke, Conseiller spécial des Nations unies pour le sport au service du développement et de la paix.

La réunion de ce 12 juillet 2012 représentait un événément important. C'était l'aboutissement d'un processus lancé depuis plusieurs mois. J'avais réussi à mettre autour de la table les institutions du football et des agences des Nations unies, afin de présenter notre programme « Educate Your Game », un projet de sensibilisation en direction de l'Afrique. Il s'agissait de constituer un tour de table pour financer ce programme. Mais Wilhelm Boullard ne l'entendait pas de cette oreille.

Une fois de plus, le conseiller de Michel Platini prit la peine de se déplacer de Nyon pour torpiller Foot Solidaire. Arrivé avec une heure et demie de retard, il déploya son argumentaire sophistiqué : le trafic des joueurs africains, c'est des balivernes, nous avons besoin de preuves, de statistiques, etc.

— Pouvez-vous préciser votre pensée, M. Boullard ? demanda le représentant de la FIFA.

— En l'absence de chiffres, aucun crédit ne peut être accordé à ces histoires d'enfants abandonnés, soi-disant, par des agents. Ce ne sont ni plus ni moins que des légendes urbaines. Comme vous le savez, à l'UEFA, nous avons mis en place le *Home Grown Player Rule*, pour éradiquer ces pratiques en Europe… Et ça marche…

— Considérons par exemple la lutte contre le racisme que vous soutenez à l'UEFA, M. Boullard. Combien d'événements déplorables avez-vous dénombrés avant de prendre des mesures ? Avez-vous attendu d'en répertorier un millier pour agir ? De quelles statistiques parlons-nous ici ? Des chiffres existent bel et bien, nous recensons chaque année des jeunes migrants africains, dont un certain nombre parvenu en Europe pour des raisons sportives. Ce genre d'histoire abonde dans les journaux et les articles de presse constituent des preuves, s'il en est besoin. Et avec quels moyens voulez-vous qu'une association comme Foot Solidaire finance des études statistiques à cette échelle ? N'est-ce pas votre prérogative, celle de l'UEFA et des instances du football ?

À Bruxelles, les députés européens fans de football avaient laissé dire. À Genève, le conservateur du football se heurta au représentant du bureau du Haut-Commissaire aux Droits de l'Homme. Cette réplique calma M. Boullard, qui demeura silencieux, les bras croisés, jusqu'à la fin de la rencontre. Le conseiller de Michel Platini avait trouvé à qui parler, et ce n'était pas pour me déplaire. Mais il paraissait peu probable après cela que l'UEFA adhère au tour de table.

28. NJO LÉA, UN HÉROS DU FOOT FRANÇAIS

À la fin des années 2000, Foot Solidaire était connue au-delà de la France et de l'Europe et j'avais reçu le *Hero Acting To End Modern Day Slavery Award* du Département d'État américain (2008). Mais en France, ma base, le plus dur restait à faire : consolider l'association et convaincre les instances du football du bien-fondé de mon action. Pour cela, je comptais sur un allié objectif : l'union des footballeurs professionnels (UFP). Je fondais des espoirs sur la réputation de son président, Christian Tappedur, un syndicaliste qui avait réussi à imposer la voix des footballeurs en France et luttait, au niveau européen, pour construire un syndicalisme crédible. Je comptais sur son appui pour que Foot Solidaire soit épaulé par la famille du football français. Ancien footballeur, je me sentais proche de l'UFP et j'attendais un vrai soutien de sa part. Je me raccrochais à l'idée que le syndicat m'aiderait, ne serait-ce que parce qu'Aimé Jacquet me soutenait et qu'Eugène Njo Léa, originaire comme moi du Cameroun, fut l'un de ses membres fondateurs. Tout le football français connaissait l'histoire de ce brillant footballeur.

Arrivé en France pour ses études, Njo Léa se fit très vite remarquer dans les équipes amateures de La Roche-La-

Molière puis de Roanne[50]. En 1953, il fit la Une consacrée au foot amateur dans la presse locale. Ce qui n'échappa pas aux dirigeants d'un des clubs phares de la région, l'AS Saint-Étienne, qui l'engagea. En 1954, à 23 ans, France Football lui dédia un article élogieux : *L'étudiant du Forez s'impose à chaque match comme un grand espoir. Ne l'a-t-on pas déjà surnommé « le diable noir » ?*

Ndjo Léa contribua au premier titre de champion de France des Verts, dont il fut le meilleur buteur (29 buts). Après cinq ans à l'ASSE, il signa à Lyon, en partie parce qu'il y avait là une faculté de droit. Il rejoignit le Racing Club Paris en 1961, lorsqu'il fut admis à l'Institut des Hautes Études d'outre-mer de Paris, où se formait l'intelligentsia africaine. Sa figure d'intellectuel se renforça lors de la création de l'UFP. Doté de charisme et d'un sens aigu de la diplomatie, Njo Léa devint l'âme et l'esprit du syndicat. Il souhaitait vivement supprimer dans les contrats, la clause qui liait les joueurs pros ou semi-pros à leur club jusqu'à l'âge de trente cinq ans. Alors qu'il préparait son doctorat en droit, ses pairs le choisirent pour défendre leurs intérêts. Avec Just Fontaine et Jacques Bertrand, avocat spécialiste, le Camerounais forma le triumvirat de la fondation du syndicat des footballeurs français en 1962.

Lorsque, fort de l'héritage historique de Njo Léa, je sollicitai le soutien de l'UFP, Christian Tappedur m'orienta vers Romain Carré, le vice-président, un homme influent en interne. Après avoir consulté mon dossier, l'ancien joueur de l'Olympique de Marseille me fixa.

— 99 % des associations d'Africains ne tiennent pas la route, lâcha-t-il. Mais si Aimé Jacquet te soutient, cela veut dire que c'est important. On va voir ce qu'on peut faire.

---

[50] Claude Boli, Yvan Gastaut et Fabrice Grognet, *Njo Léa père et fils, étudiants footballeurs*, dans *Allez la France ! Football et immigration*, Gallimard, 2005, page 115

Par la suite, je trouvai régulièrement la revue mensuelle du syndicat des footballeurs dans ma boîte aux lettres et j'étais souvent invité aux Trophées UFP, qui récompensent les meilleurs joueurs de la saison. Quelques fois, je recevais des invitations pour les matches des Bleus. C'était gentil, mais l'essentiel, le financement, ne suivait pas. Je percevais 1 500 € par an du syndicat des footballeurs, et c'était peu. Lorsque je posai le problème à son président, l'UFP répliqua par écrit qu'*en raison des contraintes et des incertitudes liées aux négociations sur les droits TV*, il ne pouvait faire mieux pour m'aider. Njo Léa se retourna acrobatiquement dans sa tombe.

29. LA FAMILLE JOUE LA MONTRE

En Europe, en 2019, les conservateurs du football continuent de sévir. Ils croient toujours à la suprématie des races et pensent que l'intérêt de recruter un joueur africain réside dans le seul fait *qu'il coûte peu cher. Généralement prêt au combat, on peut le qualifier de puissant sur un terrain. Mais le foot, ce n'est pas que ça, c'est aussi de la technique, de l'intelligence, de la discipline…*[51]En clair, les conservateurs pensent que le footballeur africain est doué d'une intelligence moins développée que son alter ego européen, un racisme institutionnel qui dilue les efforts déployés pour lutter contre la xénophobie dans les stades d'Europe.

Mais comment expliquer une telle posture dans le sport au 21e siècle ? N'oublions pas que le mal dispose de racines profondes, et qu'il vient de loin. Remontons dans le temps, à la fin du 19e siècle. Dès 1874, lorsqu'un Allemand, Karl Hagenbeck, revendeur d'animaux sauvages de son état, eut l'idée de promouvoir des « zoos humains » - encore appelés « expositions ethnologiques », « villages nègres » ou « villages sénégalais » - auprès d'un public d'Européens avides de sensations[52]. Dans ces « zoos », des hommes et

---

[51] Propos d'un entraineur français, cité dans Libération.fr, le 4 novembre 2014

[52] P. Blanchard, N. Bancel et S. Lemaire, *Le spectacle ordinaire des zoos humains*, Le Monde diplomatique, Manière de voir n° 58, juillet-août 2001

des femmes « exotiques » (Africains, Samoas, Lapons, Kanaks, Arborigènes…) et des bêtes sauvages étaient montrés en spectacle, côte à côte, derrière des grilles ou dans des enclos. Ces « expos » se tiendront dans toute l'Europe, de Berlin, à Londres, en passant par Paris, jusqu'à la fin des années 1930. C'est au travers d'elles que les Européens iront, pour la plupart d'entre eux, à la rencontre de l'Autre. En France, les Expositions universelles[53] et coloniales[54] achèveront de valider l'idée de la supériorité de l'Européen sur l'indigène, dans l'imaginaire collectif. Leur impact dans la société fut catastrophique. Comment dès lors s'étonner de la persistance du racisme dans les stades et de l'inefficacité de campagnes antiracistes sporadiques et superficielles ?

En France, les conservateurs du football ne sont pas aussi radicaux qu'en Italie, en Allemagne ou en Autriche, mais ils avancent masqués. Vis-à-vis de Foot Solidaire, « association d'Africains », la famille du football[55] semblait s'être donnée pour mot d'ordre : *jouer la montre !* Elle croyait qu'à force de me faire courir après des promesses de financements, de m'épuiser en discussions stériles, je finirais par m'essouffler et disparaître du paysage. Pourtant des instances au sein de cette « famille » semblaient soutenir Foot Solidaire. Elles intervenaient dans nos conférences, nous prêtaient des salles de réunion, contribuaient financièrement, même si elles donnaient peu.

À vrai dire, j'ignorais jusqu'où la « famille » était déterminée à aller pour m'épauler. C'est pourquoi je pris l'initiative de proposer à la FF, à l'UFP et à l'UFCP une convention quadripartite dans le cadre d'un « programme d'accueil et d'intégration des jeunes joueurs étrangers ». Des

[53] Paris, en 1878, 1889, 1900, 1907 et 1931
[54] Marseille, en 1906 et 1922
[55] La « famille » ici est constituée de la Fédération de football, des syndicats de clubs et de joueurs

rencontres furent organisées à la rue de Grenelle, à la rue Feydeau et à l'avenue Kléber, sièges respectifs de ces instances.

Moussa Dalloz de l'UFCP, revendiquait la prise de responsabilités de chaque partenaire, afin de mener un travail commun efficace.

— Les clubs pros ne peuvent se substituer aux autorités publiques en matière d'immigration, proclamait-il. Ils doivent en revanche s'impliquer dans des mesures d'information et de prévention ainsi que dans la mise en place d'outils statistiques pour prendre conscience de l'ampleur du trafic de jeunes joueurs.

Les clubs pros avaient des efforts à faire, un devoir d'accueil et d'éthique, pour donner vie au rêve des enfants dans un environnement sécurisé. Les clubs pros et semi-pros recevaient 900 joueurs africains environ par an pour des essais, pour 30 % de taux de réussite. Mais nul ne savait ce qu'il advenait des 70 % de joueurs recalés. Repartaient-ils vers d'autres cieux européens ? Restaient-ils en France ? Retournaient-ils dans leurs pays d'origine ? C'était le flou absolu.

Foot Solidaire avait un passé de coopération avec l'UFCP, à travers des subventions et l'édition du *Livret d'accueil du jeune footballeur africain*. Le syndicat avait par la suite publié *10 recommandations pour l'accueil des jeunes joueurs étrangers mineurs en France* à l'usage de ses membres.

Ce texte préconisait des mesures minimales lors des essais, la prise en charge de l'hébergement, des frais de séjour, la souscription d'une assurance en responsabilité civile et en dommages corporels, l'organisation de l'accompagnement du mineur à l'aéroport et une visite médicale. L'UFCP recommandait aux clubs de préciser dès le départ les critères de l'essai et de s'assurer de la fiabilité des « accompagnants » des jeunes joueurs.

Foot Solidaire et l'UFCP semblaient sur la même longueur d'onde, or le syndicat tardait à signer la charte Foot Solidaire et à la faire adopter par ses clubs. Une tentative pour une souscription individuelle se solda par l'échec. À quelques heures de la signature avec le premier, un club sarthois, l'événement fut annulé. Les consignes venaient de Paris. D'autres clubs envisageaient de signer, mais ils attendaient le feu vert du syndicat, « solidarité familiale » oblige.

Ci-dessus : Jean Claude (à droite) en sélection des Lions indomptables, avec Rigobert Song et François Omam-Biyick (au milieu), Yaoundé (avril 1997).
Ci-dessous : Jean-Pierre Morlans (DTN adjoint de la FFF), Aimé Jacquet (DTN), Jean Claude (assis, de gauche à droite) et des bénévoles de Foot Solidaire, Paris, janvier 2004

Ci-dessus : enfants d'une académie africaine à l'entraînement sur un terrain vague.
Ci-dessous : Jean Claude Mbvoumin et Samuel Eto'o à Londres, Jan. 2014.

Ci-dessus : Jules Kodjo, Salif Keita, Aimé Jacquet et Jean Claude (de gauche à droite), lors de la conférence d'Enghien, nov. 2006.
Ci-dessous : Véron Mosengo Omba et Henri Roemer (de gauche à droite) de l'UEFA

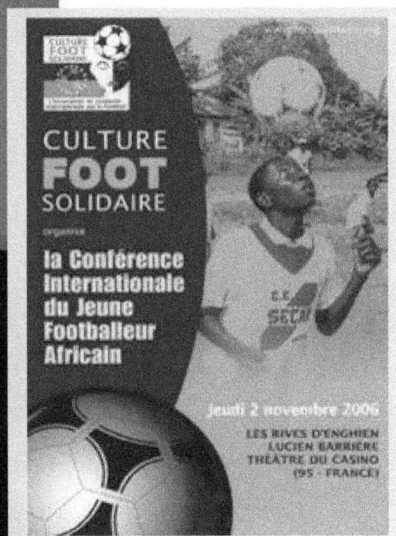

Ci-dessus : Jean-Pierre Escalettes, président de la FFF, Jean Claude Mbvoumin et Jérôme Champagne de la FIFA (de gauche à droite) lors d'une table ronde Foot Solidaire au siège de la fédération française de football, juin 2009

Ci-dessous : Jean Claude Mbvoumin et Pierre Reppellini, vice-président de l'UNECATEF, lors de la signature d'une convention à Paris, janvier 2013

Ci-dessus : Jean Claude et Wilfried Lemke, Conseiller spécial des Nations unies pour le sport au service du développement et de la paix, sur le terrain, à Yaoundé, oct. 2008

Ci-dessous : entraîneurs de l'UNECATEF à la Jonnelière (FC Nantes), avec l'équipe Foot Solidaire Afrique, en route pour le tournoi de Montaigu 2013

Ci-dessus : une vue du Palais des congrès de Yaoundé, lors de la 2è conférence internationale du jeune footballeur africain (2008).
Ci-dessous : une vue des participants de la conférence du jeune footballeur, Dakar (2015) : on y voit Claude Leroy, Jérôme Champagne, Saer Seck, Augustin Senghor, Gaudenz Koprio (FIFA) et des officiels de la Confédération africaine de football.

Ci-dessus : Christian Karembeu, Roger Milla, Augustin Edjoa (ministre des Sports), Jean Claude Mbvoumin, Mohamed Iya, Robert Nouzaret et des participants de la conférence Foot Solidaire, Yaoundé, 2008.
Ci-dessous : Jean Claude Mbvoumin et Augustin Senghor, président de la fédération sénégalaise de football, face à la presse lors de la conférence de Dakar (déc. 2015)

Ci-dessus : Coach Mighty et les enfants de l'école de foot de M. Bongane, Elkah Stadium, Soweto, Afrique du Sud, 2009.

Ci-dessous : des experts de la conférence Foot Solidaire, Lausanne, janvier 2012

Ci-dessus :
Les participants de la réunion Foot Solidaire, à Zurich, juin 2008

Ci-contre :
Poignée de main officielle entre Jean Claude Mbvoumin et Joseph Blatter, président de la FIFA de 1998 à 2015.

Ci-dessus : Jean Claude Mbvoumin avec un participant tzigane, à la conférence contre le racisme organisée par le Conseil de l'Europe et la Serbie, Belgrade, oct. 2009

Ci-dessous : Jean Claude et Raymond Domenech et Didier Christophe de l'UNECATEF pour la remise symbolique de maillots de l'équipe de France à des officiels camerounais avant le voyage à Yaoundé d'entraîneurs français, jan. 2013.

Ci-dessus : Denis Masseglia, président du Comité national olympique et sportif français (3è à partir de la gauche), prenant la parole lors d'une conférence de presse de Foot Solidaire. Paris, mai 2010.
Ci-dessous : jeune footballeur isolé, en région parisienne

Ci-dessus : Kurt Wachter (Autriche), Jean-Luc Bennhamias, député européen et Carine Bloch (de gauche à droite) à la 1ère conférence internationale du jeune footballeur africain d'Enghien (nov. 2006)

Ci-dessous : Yaya Touré, international ivoirien présentant le Passeport Foot Solidaire de l'association en 2015.

30. UN MATCH TRUQUÉ

La position du syndicat des footballeurs français à l'égard de Foot Solidaire restait tout aussi illisible que celle du syndicat des clubs (UFCP). Jusqu'ici, l'UFP s'était acquitté du minimum syndical pour m'aider. Chaque fois que je rencontrais Romain Carré, mon référent en interne, le dirigeant renvoyait la balle à la FF et à l'UFCP qui, selon lui, avaient le vrai pouvoir décisionnel. L'ancien gardien de but s'exprimait-il avec sincérité, ou bien bottait-il en touche ? J'avais toujours en mémoire ses propos sur les 99 % d'associations d'Africains qui ne tiennent pas la route et j'avais à cœur de lui démontrer le contraire. À condition qu'il m'y aide aussi un peu.

Patrik Gottaz, lui, n'exerçait aucun pouvoir décisionnaire à la FF. Il se contentait de relayer la position officielle de la Fédération, qui pointait la nécessité de tarir, à la source, les trafics d'enfants africains et d'empêcher que des clubs amateurs français ne servent de relais aux clubs pros. La Fédération était informée à propos des milliers d'Africains des clubs amateurs, qui jouaient sans papiers ou sous fausses licences. Tout comme elle connaissait le phénomène des « présu[56] », ces « grands Blacks » qui faisaient plus vieux que leur âge, et qui écrasaient la

---

[56] Présumé né en… : joueur dont la date de naissance est sujette à caution.

concurrence, au propre et au figuré, dans les compétitions de jeunes. Ce phénomène découlait en partie du trafic des jeunes joueurs et arrangeait des clubs formateurs[57].

Pendant des mois, les pourparlers avec l'UFCP, l'UFP et la FF s'étirèrent en long et en large, en hauteur et en profondeur... jusqu'à ce que les trois instances exigent la présence du ministère des Sports autour de la table. Elles ne voulaient pas supporter seules le coût du projet, les pouvoirs publics devaient cracher au bassinet. Tout le monde connaissait la position du ministère : les trafics d'enfants étrangers dans le football couvraient un champ interministériel. Le ministère en charge de l'Immigration, le ministère de la Justice et le ministère de l'Intérieur devaient agir en étroite synergie. Mais réunir et concilier toutes ces institutions prendrait encore des mois. Instituer leur présence comme un préalable à tout accord relevait alors du dilatoire. La famille du football jouait la montre. Elle avait le bon rôle, la force morale et la puissance financière et jouait à domicile. Seul contre tous, je devais à la fois jouer en attaque et en défense, dans un match truqué où même la VAR[58] n'aurait servi à rien pour m'éviter la débâcle.

J'imaginais jusque-là que le football avait à cœur de promouvoir le fair play, la diversité et le vivre ensemble. Je pensais que les institutions du sport avaient pour mission de protéger les jeunes pratiquants et soutenir toute initiative qui y concourait ; sur le coup, j'étais bien le seul. Mais, aussi paradoxal que cela puisse paraître, je ne nourrisais aucune rancœur vis des instances du football en tant que telles, j'étais simplement déçu de quelques individus au sein de ces structures, qui refusaient l'opportunité historique qui leur était offerte de montrer l'image d'un football réellement

---

[57] Subventions de l'Etat aux clubs, en fonction du classement des équipes de jeunes.
[58] Video assistant referee, assistance video à l'arbitrage

citoyen et solidaire. À la fin, le projet d'accueil et d'intégration tomba à l'eau. Il alimentait pourtant l'intérêt de tous ; des jeunes sportifs d'abord, et du football français ensuite, dont les championnats étaient constellés d'Africains à tous les étages. Mais par ses hésitations, ses reculades et ses manœuvres dilatoires, la famille du football niait la présence africaine, refusant ainsi d'assumer un héritage colonial de la France.[59]

---

[59] Le sport en général, le football en particulier, est un des rares espaces républicains où les Africains et les Français issus de l'immigration disposent concrètement de la même égalité des chances que les autres. Les footballeurs d'Afrique noire sont présents en France depuis les années 1950. Après les indépendances (années 1960), beaucoup s'expatrièrent pour l'ancienne métropole. Raoul Diagne, un Sénégalais, fut le tout premier à jouer à porter le prestigieux maillot de l'équipe de France.

31. FERME TA GUEULE !

Il y a quelques années, trois jeunes Français contactèrent Foot Solidaire pour les aider à réaliser un projet africain. Alain, Jérémie et Pierre étaient réunis au sein d'une association de loi 1901 et avaient une idée farfelue, mais sympathique : parcourir l'Afrique à vélo, du centre à l'ouest, pour mieux connaître son peuple, sa culture et son habitat. Ils feraient étape dans chaque capitale pour affronter les jeunes footballeurs locaux en matchs de football à l'ancienne, pieds nus, sur terre battue, sans arbitres. Ils réaliseraient un film de cette aventure ainsi qu'un livre souvenir.

Les trois garçons sollicitèrent l'aide financière du ministère des Sports (entre autres soutiens) et l'obtinrent en un battement de cil. Je doutais qu'il y eût deux poids, deux mesures, dans le traitement des dossiers à l'avenue de France. Puisque ma prise en charge, elle, croupissait depuis des mois, dans les tiroirs du même ministère.

Un jour, je reçus un appel du cabinet de la ministre des Sports, m'invitant à m'y présenter. Oh joie, j'allais enfin avoir des nouvelles de ma demande de subvention ! Le jour prévu, je me présentai, optimiste, accompagné d'un associé, le fidèle Manu. Deux personnes attendaient déjà dans la salle de réunion. Etienne Goreth, le Dircab[60], ne se fit pas attendre. Mais à peine parut-il dans la pièce, qu'il me balança *L'Est Républicain* à la figure.

— Vous n'avez pas le droit de débiter n'importe quoi à la presse, Monsieur ! fit-il, rouge de colère.

Quelques jours plus tôt, j'avais en effet confié à Christian Frichet, un journaliste alsacien, mes déboires avec le ministère des Sports, notamment.

Mais alors que je consultais la publication incriminée, M. Goreth me balança de la même manière un autre journal, *Le Monde*, cette fois, en raison d'un article consacré à Yannick, un jeune footballeur africain que l'association avait « exfiltré » d'Espagne. Une photo de l'enfant à sa descente du train en gare d'Austerlitz illustrait le texte. J'avais monté cette opération en urgence : le petit Camerounais vivait sous la menace physique de son agent, Massegu Salicru, en Espagne. Yannick s'était échappé de la résidence où ce dernier l'avait assigné. Il courait un grave danger, je devais agir.

Le Dircab me reprocha la gestion du cas de ce mineur, avant de me sermoner à propos de la déontologie journalistique, comme si j'étais Mustapha Kessous, l'auteur de l'écrit.

Je m'efforçais à la sérénité, sûr que M. Goreth s'apprêtait à m'éclairer sur ses attentes envers moi. Mais il déversa encore sa bile pendant dix minutes, et je le soupçonnais de s'inquiéter pour sa ministre, candidate aux élections régionales qui se profilaient. L'article de *L'Est Républicain* ne favorisait pas sa publicité. En me mettant la pression, le directeur de cabinet espérait sans doute me dissuader de parler à nouveau à quelque journaliste.

---

[60] Directeur de cabinet

— Je m'occupe de votre demande de subvention, fit soudain Étienne Goreth, calme. Si vous coopérez, si vous cessez de créer de l'agitation dans les médias, nous vous aiderons.

— Quand pourrions-nous obtenir une réponse ?

— Je ne peux vous donner de délai, nous y travaillons.

— Depuis des mois, j'espère une suite, quelle qu'elle soit, à notre dossier. Toutes mes demandes d'audience auprès de la ministre ont jusqu'ici été...

— Fermez votre gueule ! On vous a promis une aide, vous l'attendez, c'est tout ! Vous n'êtes pas l'unique association qui nous sollicite.

Et le brillant énarque se leva pour nous signifier que l'entretien était terminé.

Lorsque Manu et moi nous retrouvâmes seuls sur l'avenue de France, je laissai éclater mon dépit.

— J'en ai marre ! Me demander de la fermer, de subir l'injustice sans broncher ! On se croirait en république fromagère…

— Je l'ai toujours dit. Montons une opération coup-de-poing lors d'un match de l'équipe de France. Ici, devant le ministère, avec de jeunes footballeurs enchaînés, déguisés en esclaves, tu verras qu'ils vont bouger. Il n'y a que ça qui marche…

— À quoi ça servirait ? Nous passerions pour des jusqu'au-boutistes. Ce ne serait plus du foot solidaire…

— De toute façon, les Français africains comme nous n'ont pas voix au chapitre. C'est triste, mais c'est comme ça. Et les mêmes diront plus tard que nous nous complaisons dans l'oisiveté et le désœuvrement, juste bons à brûler les voitures. En même temps, que font-ils pour nous aider ?

32. RALF BRANDENBURGSTER

Le départ d'Aimé Jacquet sonna le début des attaques du foot conservateur contre Foot Solidaire. Le premier « clash » survint avec la branche africaine de la Fédération Internationale des Footballeurs Opérationnels (FIFO). J'y avais déposé une demande de subvention pour la 2e conférence internationale du jeune footballeur africain de Yaoundé. En retour, Ralf Brandenburgster, son boss, m'orienta vers l'association camerounaise des footballeurs (ACF), membre de la FIFO, basée à Douala. L'ACF recevait chaque saison une contribution de l'instance mondiale : la réunion se tenait sur son territoire, la prise en charge de la dépense lui revenait de fait.

Lorsque je contactai par téléphone Sosthène Massayo, le président de l'ACF, pour lui exposer ma demande financière, il s'étrangla presque.

— La FIFO ne me donne pas un centime ! fulmina-t-il. Ils veulent ma ruine ou quoi, à Paris ? Je suis endetté, mes employés ne sont même pas payés ! Réalisent-ils à quel point il m'est difficile de faire tourner le syndicat ici, au Cameroun ? Ils sont marrants à la FIFO…

— M. Brandenburgster m'a pourtant dit que…

— Mais c'est un malade, ce type ! Où veut-il que je trouve quinze mille euros ? C'est à lui de financer ta conférence ! Désolé, petit frère, je dois raccrocher, je reçois un appel du Premier ministre ! ...

Il interrompit notre conversation, et je restai immobile, perplexe. À cet instant précis, je me demandais qui, de Brandenburgster ou de Massayo, essayait de me faire tourner en bourrique.

Pour en avoir le cœur net, je retournai à la rue Feydeau à Paris où se trouvait le siège de la FIFO Afrique, dans les locaux de l'UFP. Brandenburgster m'écouta sans mot dire, jouant avec un stylo de marque prestigieuse. Puis il sortit d'un tiroir une liste d'émargement des syndicats africains. Je consultai le document sur lequel figurait bien l'ACF parmi les bénéficiaires, depuis sept ans. À la subvention de la FIFO s'ajoutait celle de l'UFP. Au total, le syndicat africain émargeait à hauteur de 220 000 € annuels. Convertis en francs CFA[61], cela faisait beaucoup d'argent.

— Humm ! fis-je, en rendant le document à Brandeburgster.

— Eh oui, c'est l'Afrique ! Rappelle Sosthène. Dis-lui que tu as consulté cette liste !

Je devais donc encore me farcir le président du syndicat africain, que le fidèle Manu connaissait bien, ayant été son collaborateur à Paris pendant sept ans, sans jamais être payé. Mon associé se réjouit de téléphoner au secrétaire général de l'ACF au Cameroun, qui ignorait l'existence des 143 millions de francs CFA annuels de subvention. Il déclencha ainsi un conflit interne qui conduira à la dislocation de l'ACF.

De mon côté, je retéléphonai à Massayo, qui persista à dédaigner mes appels. J'en informai Brandenburgster et Romain Carré, qui devaient assister au colloque Foot

---

[61] Franc de la Communauté Financière Africaine, à ne pas confondre avec l'ex-Championnat de France Amateur

Solidaire du Cameroun. La situation les emballait moyennement.

— On règlera tout ça à Yaoundé, répondit M. Carré. Sosthène doit contribuer, ce n'est pas sérieux de sa part.

33. GAGNER EN AFRIQUE SANS L'AFRIQUE

À l'UFP, Romain Carré avait la réputation de savoir « gérer » les Africains. J'ignorais ce que cela signifiait, mais je comptais sur lui pour obliger Sosthène Massayo, président de l'ACF, à régler la subvention qu'il me devait.

Le vice-président de l'UFP guidait Brandenburgster, le boss de la FIFO Afrique, qui connaissait mal le continent noir et ses réalités. L'Afrique pesait comme un cauchemar sur la FIFO, alors que se profilait la coupe du monde sud-africaine 2010. Si partout ailleurs sur terre la mise en place des représentations nationales de footballeurs progressait, en Afrique c'était « le souk ».

Brandenburgster s'opposait à une fronde menée par l'ancien international égyptien Mogdi Abdelghoni et par Morad Mozar, un Algérien, fondateur d'une hypothétique association des footballeurs africains (AFA). Je connaissais M. Mozar, qui avait débarqué sans prévenir dans une manifestation que j'avais organisée avec Aimé Jacquet et Roger Milla, à Enghien-les-Bains. Au milieu de la cérémonie, il m'avait entraîné devant les convives pour me décerner la Médaille du courage de l'AFA... Ce Morad Mozar digérait mal le fait qu'un Suisse, M. Brandenburgster, ancien rugbyman de surcroit, tienne les rênes de la FIFO Afrique.

— Jusqu'où ira la colonisation ? avertissait-il. L'Afrique a des footballeurs à la retraite capables de diriger la branche Afrique de la FIFO. Ce n'est, après tout, que du foot et un peu de gestion. Alors qu'à la FIFA on envisage de « gagner en Afrique avec l'Afrique »[62], pour la FIFO, c'est « gagner en Afrique sans les Africains » !

Morad Mozar était réputé être proche des généraux algériens. On le disait prêt à tout pour parvenir à ses fins et Brandenburgster en avait peur. Il exclut donc l'Algérie de Mozar de la liste des pays éligibles à la FIFO Afrique. Il bannit du même coup l'Égypte du quintuple champion d'Afrique Abdelgoni[63].

La conférence de Yaoundé s'acheva, sans que je perçoive la subvention de la FIFO Afrique via l'ACF. Les tentatives de Romain Carré pour l'arracher à Massayo échouèrent misérablement.

De retour à Paris, j'appelai Brandenburgster et l'interpellai au sujet du manque à gagner causé à Foot Solidaire par le non-paiement de la subvention. Il ne sut que répondre. La FIFO Afrique avait pourtant un moyen simple pour régler cette histoire : déduire la somme qui m'était due de sa future subvention à l'ACF.

— Je n'en vois pas l'intérêt, répondit Brandenburgster.

---

[62] Slogan et programme de développement de la FIFA, à l'occasion de la coupe du monde 2010.
[63] L'Égypte a depuis été intégrée, pas l'Algérie

— Mes comptes sont au rouge, j'ai dû endetter l'association pour combler ce trou, espérant que la FIFO ou l'ACF me paierait…

— Je comprends, mais tu connais Massayo, il ne voudra jamais d'un tel accord. Avec vous, les Africains, il y a toujours un problème.

J'étais habitué à ces préjugés démodés et tenaces sur les Africains, mais les entendre ce jour-là, de la bouche même du chef de la FIFO Afrique, me fit sortir de mes gonds. Dès lors, l'échange téléphonique se dégrada, virant à la menace et à l'intimidation.

— Tu es mort, foutu, grillé ! me dit Brandenburgster. Je vais casser ton association partout en France !

Je me demandais ce qui légitimait un tel mépris de la part du responsable de la FIFO Afrique. Mais j'avais oublié qu'il me considérait désormais comme un concurrent. La réussite de la conférence Foot Solidaire en terre camerounaise, qui avait réuni les plus grandes organisations internationales et d'éminentes personnalités, avait achevé de l'en persuader. À Yaoundé, j'avais organisé un événement international avec des moyens plus que modestes, là où son partenaire de l'ACF n'arrivait à rien avec des centaines de milliers d'euros annuels de subvention.

L'attitude du conservateur de la FIFO n'aurait pas dû me surprendre. Je ne faisais pas partie des obligés africains de Brandenburgster. Dans ses relations « françafricaines », le patron de la FIFO Afrique semblait avoir besoin d'hommes de paille pour asseoir son autorité sur le continent, des gens qui obéissaient au doigt et à l'œil. Morad Mozar et Madgi Abdelgoni étaient loin d'en être, et pour cela il les bannit. Je refusais pareillement d'être manipulé, j'ai donc fait une croix sur la subvention de la FIFO. Un manque à gagner qui plombera les finances de

Culture Foot Solidaire et conduira à sa liquidation judiciaire, quelques mois plus tard, pour deux mille euros.

34. SUR LES ROSES

Avoir foi en la société, et être convaincu que les inégalités qu'elle engendre spontanément seront corrigées me paraît indispensable à la pratique du football solidaire. Mais la vie d'une association est indissociable de son environnement. Dans sa pratique, le modèle associatif place les organisations non gouvernementales dans une position de dépendance permanente vis-à-vis des pouvoirs publics. Ce qui oblige les associations à des compromis, voire des compromissions, parfois nuisibles à leurs projets. Ce système fait du monde associatif un panier à crabes, dans lequel certaines organisations passent le plus clair de leur temps à en flinguer d'autres, pour les discréditer sur la liste des potentielles subventions publiques. Ce système a fait de moi un mendiant professionnel. Pour obtenir des miettes d'aides financières pour les enfants, je suis devenu un courtisan, un expert en courbettes et génuflexions, sans n'avoir jamais été à la cour de Louis XIV, et j'ai presque fini par détester ma place dans la société.

En France, la loi réprime la ségrégation basée sur l'origine ethnique des individus[64] et elle est très claire : *Constitue une discrimination directe la situation dans laquelle, sur le*

---

[64] Article 1er de la loi n° 2008-496 du 27 mai 2008 portant diverses dispositions d'adaptation au droit communautaire dans le domaine de la lutte contre les discriminations

fondement de son appartenance ou de sa non-appartenance, vraie ou supposée, à une ethnie ou une race, sa religion, ses convictions, son âge, son handicap, son orientation ou identité sexuelle, son sexe ou son lieu de résidence, une personne est traitée de manière moins favorable qu'une autre ne l'est, ne l'a été ou ne l'aura été dans une situation comparable. Ceci est valable pour les personnes physiques et les personnes morales. Or la discrimination a ceci de pervers qu'elle ne se déclare pas. Elle est insidieuse, balisée de non-dits, et on peut rarement en apporter la preuve.

Dans le cas de Foot Solidaire, elle s'est traduite par le peu de soutien institutionnel reçu et par certaines attitudes individuelles à mon égard, qui ne méritent pas d'être reportées ici. Résultat des courses : le projet humanitaire de Foot Solidaire a été contraint à la paupérisation. Depuis sa création, l'association n'a jamais disposé de locaux dignes de son objectif. Elle a tour à tour été hébergée à mon domicile, dans des locaux associatifs, dans des sociétés ou des boutiques. Alors que le projet prenait de l'envergure, cette vie nomade a profondément affecté le développement de l'association. Les incessants déménagements ont causé des dommages irréparables, avec la perte d'une grande partie des archives. Une telle instabilité est incompatible avec la construction d'une organisation efficace. Elle a fort malheureusement exposé Foot Solidaire au chantage et à la manipulation.

Un jour, à la suite de mon droit de parole sur France Télévisions, j'ai eu une explication orageuse avec Quentin Lepaire, directeur de l'ONG France Terre Facile (FTF), qui nous hébergeait. Il me reprochait de n'avoir pas fait sa pub dans l'interview. Il me harcelait depuis un moment, afin que je démantèle Foot Solidaire, pour créer une entité commune, qui bénéficierait des subventions de l'Union Européenne. L'idée m'intéressait, tant Foot Solidaire ramait financièrement, et il était notoire que M. Lepaire avait ses entrées à Bruxelles pour trouver l'argent. J'étais d'accord pour dissoudre Foot Solidaire, mais à la condition d'être le directeur salarié de la future structure, idée que Quentin Lepaire refusa. Je claquai donc la porte des négociations, sachant que mes jours en ses locaux étaient désormais comptés. Mon passage sur France Télévisions fut la goutte d'eau qui fit déborder le vase.

Le soir même, le dirigeant de France Terre Facile surgit dans le minuscule bureau qu'il me prêtait, me sommant de déménager sur-le-champ. Je ne l'avais encore jamais vu dans cet état, la colère enlaidissant ses traits.

Alors que je sortais de l'étroit bureau, afin d'éviter l'affrontement physique, l'homme m'assena un atémi à la nuque, me précipitant dix marches d'escalier plus bas, m'envoyant tout droit à l'hôpital. Des jours après, une minerve au cou, je déposai plainte au commissariat du 10e arrondissement de Paris. Les flics chargés de l'enquête se frottaient les mains. Ils s'apprêtaient à alerter la presse pour cette agression physique inacceptable, pour se payer Quentin Lepaire. Le directeur de France Terre Facile critiquait régulièrement leur ministre, pour sa gestion calamiteuse des migrants dans le nord de la France. Mais Quentin Lepaire avait le bras plus long que la Seine. Finalement, l'histoire se termina au bureau du procureur de la République à Paris, où le directeur de France Terre Facile et moi-même fûmes convoqués.

— Tout ceci n'honore pas le monde associatif, dit le fonctionnaire chargé de la médiation. Si la presse en avait l'écho, cela ne rendrait service à personne. Certes, M. Mbvoumin, Quentin Lepaire vous a envoyé sur les roses, mais ce n'était, après tout, que des roses sans épines. La preuve : vous êtes toujours debout. Prenez-le ainsi.

C'est sur ce trait d'humour tiré par les cheveux, et à mes dépens, que l'affaire fut enterrée. Quentin Lepaire s'en sortit avec une minable compensation financière. Quelques jours plus tard, l'association quittait ses locaux.

35. MISÈRES DU FOOT SOLIDAIRE

En 2010, j'avais créé une autre structure pour continuer l'aide aux jeunes joueurs africains, en dépit de la liquidation judiciaire de Culture Foot Solidaire. L'ancienne association ne fut frappée d'aucune interdiction pour les dirigeants, puisqu'elle n'avait commis ni fraude ni malversation financière. Je pus donc légalement repartir sur un nouveau projet. Le soutien de la Ligue des Hommes Droits fut salutaire. La Ligue mit généreusement à ma disposition un bureau et une ligne téléphonique. Mais une fois encore, j'allais me confronter à une histoire tordue.

Francis Gomard, un ancien militaire, qui tenta jadis de créer un système de traçabilité des flux financiers dans le lucratif monde du football, connaissait mes difficultés. L'homme disait que j'étais le Martin Luther King du jeune footballeur africain, et était prêt à prendre la direction de Foot Solidaire, pour me soulager des fatigues de cet épuisant voyage en ballon. Des politiciens, des ministres de la République et même des journalistes lui mangeaient dans la main. Nous finîmes donc, avec mes coéquipiers, par lui confier la présidence de l'association. À condition qu'il trouve les financements pour embaucher les compétences qui faisaient défaut à Foot Solidaire.

Pourtant, deux ans plus tard, Foot Solidaire en était toujours au même point : les caisses dégarnies. M. Gomard n'avait apporté aucune subvention, en dépit de son engagement. Plus grave encore, il oubliait de convoquer les assemblées générales mais se pavanait dans les milieux parisiens, le blason de Foot Solidaire à la boutonnière. C'est ainsi qu'une AG extraordinaire le débarqua et me rétablit à la tête de l'association.

Informé de la procédure par une salariée de la Ligue qui avait infiltré notre équipe, M. Gomard se rebiffa. Sur ces entrefaites, un conflit interne bloqua totalement les activités de l'association. M. Gomard m'accusa de détournement de fonds inexistants, et déposa plainte contre moi, plainte qui ne prospéra pas, évidemment. Tout cela était bien triste, car au lieu de consacrer mon temps à la protection des enfants, je le passais à me défendre et à sauvegarder Foot Solidaire contre ceux qui voulaient l'instrumentaliser à des fins inavouables.

Au-delà de ces misères, le sentiment d'injustice qui m'envahissait chaque fois que j'accueillais un jeune sans-abri le week-end, lorsque les services sociaux avaient fermé, m'exposait à une profonde frustration. Il ne restait plus que l'hôtel pour l'héberger ; à ceci près que les caisses de l'association étaient aussi vides que les poches du jeune migrant en face de moi. Or, je n'accueillais plus d'enfants à mon domicile, et je ne pouvais laisser un mineur à la rue. Finalement, je trouvais un petit hôtel pas cher, près du bureau, et m'engageais auprès du patron à régler la note plus tard.

Un réseau de soutien accompagnait l'association, mais il fallait l'activer plusieurs jours à l'avance. Ainsi, lorsqu'un enfant était à la rue, il y avait toujours quelqu'un pour l'héberger. En cas de maladie, un volontaire rétribuait le médecin ou le pharmacien, un autre prêtait sa carte vitale.

Ce n'était pas très légal, mais on sauvait des vies, protégeant, par la même occasion, les personnes que ces jeunes parfois atteints de maladies infectieuses, côtoyaient. Tout ceci était de l'ordre du rafistolage, pathétique, et je me surprenais, de temps à autre, à regretter l'entreprise de ce périlleux voyage en ballon.

36. IL N'Y AURA PLUS DE LUMIÈRE EN AFRIQUE

En 2007, je me suis opposé à l'initiative insensée de l'académie qatarienne « Big-Big Dreams » en Afrique. Ce projet monté à coup de millions de dollars, visait initialement à recruter des jeunes joueurs de 10 à 12 ans dans sept pays d'Afrique[65] aux fins de les naturaliser. Il n'était pas encore officiellement question de coupe du monde de football au Qatar, mais l'État gazier devait sans douter déjà s'y préparer.

Cette battue sportive inédite touchait 700 000 enfants par an. En tout, plus de 6 millions de jeunes footballeurs africains passeront au crible de « Big Big Dreams » entre 2006 et 2016. Pendant ces dix années, la célèbre académie pilla les meilleurs d'entre eux.

« Big Big Dreams » disposait d'antennes dans chaque pays africain ciblé, dirigées par d'anciens sportifs ou des hommes d'affaires locaux. Antonio Bossanova, ex-directeur sportif d'un grand club de Barcelone, était le chef d'orchestre de ce projet pharaonique, qui transgressait le règlement FIFA sur la protection des mineurs. J'avais reçu des informations dignes de foi sur ces activités par l'intermédiaire de Sam Ango, un journaliste camerounais.

---

[65] Algérie, Afrique du Sud, Cameroun, Ghana, Mali et Sénégal

Le reporter revenait du Sénégal fin 2006 avec dans ses valises une vidéo d'une session de détection de « Big Big Dreams » à Rufisque. Les images dévoilaient des centaines d'enfants têtes et torses nus, assis à même le sol, autour d'un terrain bosselé. Sous un soleil de plomb et des nuées de mouches, les petits Africains attendaient, le regard inquiet, leur tour d'être « testés ». On avait tatoué un numéro de passage, à même leur peau et à la chaux, sur leur dos ou leur poitrine. « Big-Big Dreams » marquait les enfants comme du bétail.

Le scandale ne s'arrêtait pas là : autour du terrain, pas l'ombre d'une bouteille d'eau pour se réhydrater, ni l'ombre d'une trousse de secours en cas d'accident. Pendant ce temps, M. Bossanova et ses assistants espagnols observaient d'une tribune, bien à l'abri du soleil. Ces images renforcèrent ma détermination à agir contre « Big Big Dreams ».

Lors de mon passage au Parlement européen, j'attirai l'attention des députés sur ce projet illicite. « Big Big Dreams » violait publiquement les règles du recrutement international institué par la FIFA, sans parler du traitement indigne et cruel infligé aux enfants. L'académie qatarienne vendait du rêve : trois jeunes joueurs seulement étaient incorporés chaque année, par pays, sur des dizaines de milliers de candidats observés. Des multitudes de cas d'abandons scolaires étaient signalées, et les enfants qui migraient des zones rurales pour explorer la ville y demeuraient, dans l'espoir de trouver un club, à défaut d'être sélectionnés pour le Qatar.

En Europe, les tentatives du « Big Big Dreams » pour recruter des talents en banlieue parisienne tournèrent court. Informée des projets de la célèbre académie sur ses terres, la Fédération française adressa une lettre de protestation à son homologue du Qatar, qui se retira sans faire de vagues.

Les députés européens ne furent pas en reste : ils saisirent la FIFA, afin que cesse cette violation manifeste des règles sportives. Mais « Big Big Dreams » continua de plus belle à piller les pépites africaines, et installa sa base continentale à Dakar. Les sélections locales avaient beau se plaindre, elles ne pouvaient pas disposer des jeunes formés par « Big Big Dreams ». Ceux-ci appartenaient à une structure non affiliée au système FIFA, et de ce fait, étaient inéligibles. L'article 19 bis du règlement sur le statut et le transfert de joueurs visait précisément ces structures évoluant en dehors du cadre fédéral, afin qu'elles *« a) constituent un club qui participe au championnat national. Dans ce cas, tous les joueurs doivent être inscrits auprès du club ou déclarés auprès de l'association sur le territoire de laquelle l'académie exerce son activité, ou b) déclarent auprès de l'association sur le territoire de laquelle l'académie exerce son activité, tous les joueurs mineurs qui fréquentent l'académie dans un but d'entraînement. »*

— Ne soyons pas complices de ce pillage, protestait Claude Leroy[66]. Si toutes les « étoiles » du continent sont déracinées, il n'y aura plus de lumière en Afrique !

Mais « Big Big Dreams » triomphait en Afrique, et ses activités avaient l'onction des autorités locales. La générosité du Qatar vis-à-vis de certains pays africains se montrait proverbiale. L'État du Moyen-Orient finançait d'innombrables projets de développement local, c'était son sauf-conduit pour agir sans se soucier des jérémiades des associations ou des députés européens. Je continuai, malgré tout, à dénoncer « Big Big Dreams », et je figurais, sans nul doute, sur la liste noire de la puissante académie.

---

[66] Ancien sélectionneur du Cameroun, du Sénégal, du Congo RD, du Ghana, notamment.

37. L'EMPIRE CONTRE-ATTAQUE !

En 2012, j'ai établi une antenne de l'association Foot Solidaire à Lausanne, dans le canton de Vaud, avec l'aide de Nadine Oana, Amanoel et Virtus, des confrères suisses. Les autorités vaudoises m'ouvrirent les portes de la capitale olympique, avec un bureau à la fondation du CSEL[67], au stade olympique de la Pontaise. Ici, on accueillait Foot Solidaire sans a priori, mais l'association avait une véritable ambition : travailler avec les institutions internationales dont la Suisse représente la plaque tournante.

Deux ans après l'arrivée de Foot Solidaire dans la Confédération helvétique, l'objectif était atteint, symbolisé en mai 2014 par l'organisation, avec l'ONU, l'Union Africaine et des missions diplomatiques, d'une conférence au Palais des nations de Genève.

Parmi les participants de ce colloque se trouvait un représentant de « Bib Big Dreams » du Qatar. La célèbre académie m'espionnait-elle ? De par mes prises de position contre son projet africain, j'étais une cible pour elle. Jusqu'ici pourtant, « Big Big Dreams » n'avait pas cherché à me discréditer, du moins en apparence. D'ailleurs, je ne menaçais pas ses gigantesques intérêts, je représentais simplement un nuisible qui égratignait quelque peu son

---

[67] Centre Sport Études de Lausanne

image. Mais lorsque « Big Big Dreams » eut l'occasion de se venger, il n'hésita pas un instant.

Alejandro Santamarios s'avérait être un exécutant redoutable de l'opération punitive contre Foot Solidaire. Le Portugais travaillait depuis 2014 pour le CIS[68], une ONG établie au Qatar. Le CIS avait officiellement pour mission de « promouvoir et protéger l'intégrité du sport ». Sa branche Europe, basée à Londres, se donnait pour champ de bataille, la protection des jeunes sportifs. Problème : le CIS n'avait aucune légitimité sur ce terrain. Mais si son pays avait assez d'argent pour construire des stades climatisés en plein désert, à plus forte raison le CIS Europe pouvait-il en avoir pour se payer une légitimité. Un autre écueil compliquait son cheminement : Foot Solidaire, association reconnue mondialement en matière de protection des jeunes sportifs. Comment gagner son expertise, tout en neutralisant cette concurrente qui avait osé critiquer le recrutement africain de « Big Big Dreams » ? Pour le CIS, il n'y avait manifestement pas assez de place sur terre, pour une autre organisation qu'elle, en matière de protection des jeunes sportifs.

Je connaissais Alejandro Santamarios de longue date. Avant d'arriver au CIS, il présidait la ligue du football professionnel en Europe (LFPE). C'est dans ce cadre et à travers Moussa Dalloz de l'UFCP, que ce lobbyiste m'approcha à Paris huit ans plus tôt. Je me méfiais de cet homme rondouillard, qui donnait du « mon cher ami » dès la première rencontre. Le Lusitanien ressemblait plus à un politicien qu'à un dirigeant du football. Mais pendant des années, je lui apporterai mon expertise, participant à ses « workshops » sur la formation, contribuant à ses textes normatifs sur les mineurs… C'est cet Alejandro Santamarios,

---

[68] Centre intercontinental pour l'intégrité sportive

figure du foot conservateur, que le CIS débaucha pour diriger sa branche européenne.

Avec son entregent, son expérience et son réseau, Alejandro fera ce qu'il sait faire : structurer, communiquer, politiser... Greg Skymann et James Runner, des gars à lui, débauchés d'Interpol[69], feront pression pour me convaincre de m'associer au CIS Europe. Fin 2013, en à peine deux mois, je serai amené à rencontrer l'un ou l'autre, pas moins de cinq fois à Lausanne, Paris, Londres et Genève. Autant d'empressement augmentait ma méfiance.

Je m'ouvris de la situation à Amanoel et Virtus, mes associés, et tous prônaient la vigilance. Mais nous ne disposions d'aucun argument objectif pour fermer la porte au CIS. C'est ainsi que j'acceptai d'intervenir à *« Sport Integrity : A right for youth[70] »*, la conférnece du CIS à Genève. Pour voir. Au lendemain de celle-ci, la revue de presse de l'événement confirma que l'organisation qatarienne entendait bien se servir de Foot Solidaire pour exister en matière de protection des jeunes sportifs.

Pour coopérer ensuite avec le CIS, j'avais exigé une convention écrite. Elle fut signée après le colloque, à l'hôtel Intercontinental de Genève. Dès lors, je fus régulièrement mis à contribution par Santamarios et ses hommes pour des informations, des conseils, des réunions à travers l'Europe. Et je me demandais à quel moment la main qui tenait l'épée au-dessus de nos têtes au CIS la laisserait tomber.

---

[69] Interpol ou Organisation internationale de police criminelle (OIPC) dont le siège est à Lyon (France)
[70] L'intégrité du sport : un droit pour la jeunesse

38. L'ARBRE QUI PORTE DES FRUITS

En 2014, l'opération punitive de « Big Big Dreams » du Qatar contre Foot Solidaire, progressait, tel un rouleau compresseur.

Au début de cette année-là, un journaliste anglais me contacta de la part de James Runner. Howard BrokenKings mûrissait le projet d'un livre sur le trafic des joueurs africains et proposait de m'y associer. Je mordis à l'hameçon. À peu près à la même période, un autre Anglais, James Masson, de l'université de Loughborough, sollicita mon aide pour de prétendus travaux de recherche. Il fut autorisé à fréquenter les locaux de l'association à Paris pour collecter les informations nécessaires.

Quelques mois plus tard, M. BrokenKings ne souhaitait absolument plus m'unir à son projet éditorial. Le journaliste faisait le mort après avoir refusé de payer un sandwich aux jeunes Africains que j'avais mobilisés pour une journée d'entretiens avec lui à Paris. J'ignorais alors que M. BrokenKings et son compatriote James Masson étaient impliqués dans une même opération d'espionnage envers moi, pilotée par James Runner depuis le CIS à Londres. Ils poursuivaient des investigations minutieuses sur ma vie privée, interrogeaint mes amis, consultaient mes finances personnelles, instrumentalisaient des jeunes de l'association pour de faux témoignages à mon encontre. Je l'ai su plus tard, lorsque parut le livre à charge de M. BrokenKings fin 2015, dont la publicité se fit sur mon seul nom. Comme dans les plus sombres règlements de compte politiques. Curieusement, la presse anglaise, pourtant réputée sérieuse, ne me contacta pas pour avoir mon opinion…

Le CIS avait les moyens et semblait pouvoir acheter tous les journalistes qu'il souhaitait. D'ailleurs, au regard de son organigramme, la qualité de son staff et de ses consultants causait de la surprise. Le CIS avait recruté parmi les meilleurs potentiels en Europe. J'y retrouvai même Wilhelm Boullard, qui n'existait plus à l'UEFA et prétendait se recycler dans la protection des jeunes sportifs ! Mais M. Boullard n'était pas le plus surprenant des membres du CIS : l'organisation qatarie avait débauché d'autres hauts dirigeants du sport, des hauts fonctionnaires de l'UE, des flics d'Interpol, des universitaires… Alejandro Santamarios profitait d'un budget illimité. Sous d'autres cieux, le Portugais n'aurait pas pris de gants pour m'éliminer. Mais il s'employa à me nuire autrement, en colportant des ragots infondés sur ma vie personnelle et mon intégrité. En gros, j'étais Noir, donc foncièrement malhonnête. Le conservateur du football essayera d'asphyxier définitivement Foot Solidaire, en exigeant le remboursement de billets d'avion (sa contribution de partenaires) que son agence de voyages portugaise avait émis pour une partie des invités de ma conférence de Dakar fin 2015.

La vengeance de « Big Big Dreams » via le CIS était terrible, mais elle n'entamait en rien ma détermination à poursuivre mon voyage en ballon. *On ne jette des pierres qu'à l'arbre qui porte des fruits,*[71] m'écrivit un soutien, analysant parfaitement la situation.

[71] Sagesse créole

39. LIBERTÉ, ÉGALITÉ, SOLIDARITÉ

En 2006, j'ai obtenu la nationalité française. J'étais soulagé car je rageais de toujours culpabiliser en chantant La Marseillaise lors des matches de l'équipe de France.

J'étais fier d'adhérer aux idéaux de ma deuxième mère patrie, après le Cameroun. La France d'Aimé Jacquet était le pays des humains épris de liberté. C'est ici qu'en 1789, au prix de leur vie, des hommes et des femmes se levèrent pour contester l'idée qu'un individu pouvait avoir tous les droits sur la multitude, y compris ceux de vie et de mort. Ces pères et ces mères de la liberté ont porté les espoirs et les aspirations de beaucoup d'hommes et de peuples dans le monde.

Dans la trilogie républicaine, j'attachais un grand prix à la fraternité, d'où provient la Solidarité, avec un grand S. Je vais donc m'atteler à la faire vivre avec Foot Solidaire. Chaque année, l'association recevait une centaine de candidatures spontanées pour des stages, dont 80 % provenant de « cas sociaux ». Je tendais la main à ces jeunes étudiants en difficulté, rejetés partout ailleurs, et Foot solidaire devenait pour eux une bouée de sauvetage et un tremplin vers l'insertion sociale.

J'ai ainsi recruté Rajam, une jeune fille de Seine-Saint-Denis, même si son père avait des antécédents judiciaires en France, pour une raison que la lycéenne tenait à garder secrète. Elle désespérait d'essuyer d'éternels refus partout où elle postulait. Foot Solidaire adopta cette jeune, d'origine asiatique, qui fit par la suite de brillantes études supérieures et travaille aujourd'hui pour de grandes chaines de télévision françaises.

Abdel, lui, aspirait à être journaliste. Natif d'Épinay-sur-Seine, il peinait à trouver un stage lorsqu'il frappa à la porte de Foot Solidaire. Je pris le risque de la lui ouvrir en grand. Depuis, il a réalisé son rêve, et dirige une société dans le domaine du sport.

Je me souviens de Ramatou, de l'Haÿ-les-Roses, en banlieue parisienne. Obstinément à la recherche d'un emploi, la jeune Française d'origine malienne et sénégalaise s'adressa à l'association. Intelligente, travailleuse, je l'ai engagée comme bénévole, avant de l'aider à décrocher des stages à Stockholm et à Genève, via le Bureau des nations unies pour le sport (UNOSDP). La jeune femme fut par la suite recrutée à l'UNESCO. Beaucoup de jeunes, comme Ramatou, Abdel ou Rajam, surent profiter de Foot Solidaire pour s'ouvrir les portes de la vie active. Je n'ai pas évoqué les étudiants, nombreux, issus des classes moyennes ou de parents aisés, soutenus dans leurs travaux de recherche, pour des mémoires ou des thèses, et pour lesquels je consacrais un temps incalculable.

La fraternité de la trilogie républicaine constituait, pour moi, une véritable lutte contre le racisme. Je mettais donc un point d'honneur à intervenir lors de conférences tenues à travers l'Europe, même si leurs thématiques n'établissaient pas de liens directs avec la protection des jeunes footballeurs. Ma présence probante suffisait à déclencher une prise de conscience de la diversité dans le sport et la société européens chez les participants.

Se confronter à la xénophobie, c'est aussi se mesurer aux préjugés. La déclaration d'un entraîneur français de Ligue 1 sur le « joueur typique africain » me désola, comme elle désola le monde du sport dans son ensemble. Et c'est pour casser de telles idées reçues que j'organisai la visite d'entraîneurs français en Afrique, en partenariat avec l'UNECATEF. Le syndicat des entraîneurs français restait fidèle à Foot Solidaire depuis qu'Aimé Jacquet m'avait introduit auprès de Pierre Reppellini, son vice-président, un homme intègre, très concerné par les problèmes du football. Thibaut Dagorne, son directeur, avait assisté à la conférence Foot Solidaire de Yaoundé en 2008. Des chômeurs de l'UNECATEF séjournèrent donc au Cameroun au début de l'année 2013, puis accompagnèrent l'équipe Foot Solidaire Afrique au tournoi pascal de Montaigu en Vendée. Un colloque fut même organisé à Yaoundé au cours duquel un cadre de l'UNECATEF intervint, en présence de Roger Milla et de personnalités du sport camerounais.

L'égalité, ce fut la fierté lorsqu'en 2015, je fus amené à travailler avec l'Élysée, à l'occasion de l'Euro 2016 en préparation en France. Pierre-Louis Basse, Conseiller de François Hollande pour les grands événements, m'avait associé, avec sept autres personnes, à la création d'une exposition dédiée au football et à la littérature, intitulée *Football de légendes, une histoire européenne* : trente éminents écrivains européens racontaient trente illustres joueurs de football européens. Le président de la République inaugura la remarquable exposition fin avril 2016, et les photos furent exposées, rue de Rivoli, dès le 10 mai et pendant l'Euro de football. Ce projet occasionna ma modeste contribution citoyenne pour le sport au plus haut niveau en France. Pierre-Louis Basse savait le peu d'intérêt que mon action suscitait auprès des ministres des sports successifs de l'avenue de France.

— Notre pays a les reins brisés, soulignait l'ancien journaliste et écrivain. Cela vient de loin, de très loin. Le travail de Foot Solidaire est une tâche essentielle, terrible. Et le politique, hélas, ressemble à notre époque : vulgaire, au bout du rouleau.

40. L'AFRIQUE FACE AU TRAFIC

Les problèmes du football africain en général, ceux qui touchent à la protection de ses jeunes joueurs en particulier, sont souvent regardés au point de vue de l'euro centrique : on ne les considère que du seul point de vue d'acteurs et d'institutions basés en Europe. Or l'Afrique a son mot à dire sur le fléau qui touche sa jeunesse.

Les Africains ont une perception différente des Européens, sur ce qu'on nomme « trafic » ou « traite ». Pour les familles, ces termes ne reflètent pas la réalité d'une pénible situation, ni celle des jeunes qui brûlent de « s'en sortir ». Là où les Européens détectent un « trafiquant », « un passeur », les parents africains repèrent un « bienfaiteur » qui offre une chance à leurs jeunes sans avenir.

Le « trafic » de jeunes footballeurs ferait-il figure de construction mentale, de lubie européenne ?

Un nouveau principe semble s'imposer sur le continent africain, celui des tenants de l'extraversion, concept cher à Jean-François Bayart. Raffaele Poli et Paul Diestchy restituent bien la pensée du politologue français, adaptée au contexte sportif africain : *la stratégie d'extraversion consiste à mettre à profit la tendance exogéniste. Ce qui se traduit concrètement par la fin des tentatives de régulation de l'expatriation précoce des joueurs et l'abandon des politiques visant au développement local du football, par un appui à l'implantation de centres de formation contrôlés par des clubs européens et par le « rapatriement » périodique des footballeurs expatriés pour les activités des sélections nationales. C'est donc un mélange entre action et inaction ou, plus précisément peut-être, une action sous contraintes fortes, un jeu sur la marge, qui se trouve à la base de la phase actuelle des politiques du football africain.*[72]

Les chantres africains de l'extraversion estiment que le développement du football, en particulier, s'apparente à un luxe que ne peuvent se payer des États en difficulté, sur les fronts de l'éducation et de l'emploi des jeunes, notamment. Il vaut mieux alors laisser partir les jeunes, pour les rapatrier plus tard afin de renforcer les équipes nationales. Pourquoi se fatiguer à structurer la formation, puisque l'Europe s'en charge ? Pourquoi développer les championnats africains, puisque le public déserte les stades et préfère les matches de Premier League, de Ligue 1 ou de Liga, proposés par la télévision par satellite ?

En mai 2008, Brice Hortefeux alors ministre français de l'Immigration, rendit visite au chef de l'État camerounais à Yaoundé, afin de le convaincre d'accepter l'instauration de tests ADN pour des candidats camerounais à l'émigration vers la France. Paul Biya lui résuma le sentiment général.

— Nos jeunes partent à l'aventure dans des conditions qui ne peuvent mener qu'à l'échec, et ce n'est pas bon, fit remarquer le patriarche africain. Mais au Cameroun, comme ailleurs en Afrique, l'état actuel de nos économies ne nous permet pas pour le moment de proposer à tous nos jeunes, y compris les diplômés, les emplois auxquels ils peuvent prétendre.

---

[72] Dans *Le football africain entre immobilisme et extraversion,* Politique Africaine, 2006/2/n° 102

L'Ambassadeur Jean-Marie Ehouzou, représentant de l'Union africaine à l'ONU, m'apparut plus optimiste lors de notre rencontre à Genève.

— Les États africains sont déterminés à créer un environnement favorable au développement inclusif du sport, assurait le diplomate. À offrir des conditions convenables et bénéfiques aux athlètes, et à engager la communauté internationale afin de minimiser l'exode des jeunes sportifs.[73]

Les ministres des sports africains, réunis à Abidjan pour leur 5e session en 2013, étaient d'avis que les initiatives basées sur le sport, qui intègrent les meilleures valeurs sportives, peuvent constituer des outils transversaux puissants, à fort impact, pour la réalisation des programmes nationaux de développement.

En attendant, des spécialistes déplorent que l'Afrique n'ait pas encore exploité l'immense potentiel qu'elle recèle, en matière de développement du sport. Elle ignore pour l'instant ce levier, ses priorités allant à l'organisation de la participation de ses athlètes aux compétitions internationales, prestige des nations oblige. L'Afrique serait pourtant bien inspirée de constituer de véritables économies du sport, génératrices d'emplois, pour réduire le chômage des jeunes. Mais le sport n'est pas apprécié des élites africaines, qui le considèrent pour l'instant comme une activité mineure, comparée aux autres missions régaliennes…

---

[73] Conférence Foot Solidaire, Genève, mai 2014

41. LE FOOT AFRICAIN FACE AU TRAFIC

J'ai souvent eu l'occasion de m'entretenir avec de hauts dirigeants du football africain. J'eus ainsi l'occasion d'évoquer la protection des mineurs auprès de Mohamed Raouraoua, alors président de la fédération algérienne de football et membre influent du comité exécutif de la CAF[74], rencontré à Zurich.

— Il y a tellement de problèmes à régler en Afrique… soupira-t-il. On a déjà du mal à nourrir et à éduquer tous ces enfants, et il faudrait encore les protéger !

Le diplômé en droit se désolait du manque de moyens et de l'explosion démographique qui semblait menacer l'Afrique. Or au lieu de travailler au développement des footballs locaux, il préféra avec ses pairs convaincre la FIFA d'autoriser les « bi-nationaux » dans les sélections nationales. Ce n'était que justice pour le football africain, et une bonne idée, à condition que cette règle ne conduise les dirigeants africains à délaisser le développement du football local, pour se reposer uniquement sur leurs diasporas sportives.

Le président de la CAF d'alors me reçut dans un hôtel cossu près des Champs-Élysées à Paris, où il avait ses habitudes. Le Camerounais me donna une leçon d'histoire.

---

[74] Confédération africaine de football

— L'exode des jeunes Africains vers l'Europe fait preuve de logique, dit M. Hayatou. Si certains se noient en mer, c'est le cours naturel de l'Histoire. Beaucoup des migrants italiens, qui allaient chercher fortune en Amérique, sont morts engloutis par les flots, ça n'a pas empêché les autres de réussir.

Il fera des déclarations similaires aux médias, à l'occasion de la CAN[75] 2006 en Égypte. Elles n'indignèrent pas grand monde…

La FIFA de Sepp Blatter n'avait jamais mis de pression sur l'Afrique, pour l'inciter à développer ses footballs locaux. Début 2019, celle de Gianni Infantino fut invitée à s'exprimer devant les chefs d'État africains, réunis à Addis Abeba dans le cadre de l'Union africaine.

— En 40 ans de participation, déclara le nouvel homme fort de Zurich, les équipes africaines n'ont pas été en mesure d'atteindre les derniers échelons d'une Coupe du Monde de la FIFA, malgré des performances impressionnantes lors des Coupes du Monde 2002 et 2010, et plus récemment lors de la Coupe du Monde en Russie[76]. Cette situation doit changer en raison de la grande passion de votre continent pour le football.[77]

Son prédécesseur m'écrivit à l'occasion d'une de mes conférences africaines : *la protection des mineurs et la protection des talents africains passent par le développement du football africain, par des fédérations, des clubs et des compétitions mieux organisés. Si les grands joueurs africains continueront à illuminer les ligues européennes de leur talent, l'objectif est aussi de favoriser l'expression de leur remarquable talent dans les clubs africains et qu'ils restent dans ces derniers le plus longtemps possible, afin de donner aux championnats locaux les moyens de leurs progrès.* [78]

---

[75] Coupe d'Afrique des nations
[76] Coupe du monde FIFA 2018
[77] Le 10 février 2019 (fifa.com, 11/02/2019)
[78] Lettre à Foot Solidaire, à l'occasion de la conférence de Yaoundé, octobre 2008

Ces approches très diplomatiques montrent que les hommes forts de Zurich n'ont aucun moyen de pression véritable pour obliger l'Afrique. Ils ne peuvent s'aliéner les 54 bulletins de vote qui pourraient un jour peser sur la balance de leur réélection ou de leur déchéance. Mais l'essentiel est dit : le développement du football africain est une nécessité, si on veut protéger ses jeunes joueurs de manière durable.

Pour Jérôme Champagne, ancien dirigeant de la FIFA, il est indispensable, avant tout, de changer le système néo colonial en cours, qui maintient l'Afrique au rang de fournisseur de matières premières à l'Europe. Claude Le Roy, le doyen des coaches européens d'Afrique, pense que le professionnalisme permettrait de stabiliser les jeunes, même si le rêve de partir est grand, et ne concerne pas seulement les jeunes des académies. L'ancien entraîneur des Léopards de la République démocratique du Congo se souvient d'un gardien de but de 18 ans qu'il sélectionna :

— Au cours d'un match de préparation en France, raconte-t-il, sans doute conseillé par un agent, il s'est sauvé du stade à la mi-temps et s'est évanoui dans la nature. On n'en a plus jamais entendu parler. Un gâchis pour le football congolais et pour le jeune lui-même.

Le professionnalisme nécessite de restructurer, développer, construire des stades et surtout d'aider à la diffusion des images.

— J'aime la Ligue des Champions, assure M. Champagne, j'aime la Premier League, la Ligue 1. Mais où pouvons-nous voir des images de la ligue sénégalaise de football ? Il n'y a pourtant pas d'antagonisme entre un club étranger et un club local. Le problème que nous rencontrons dans beaucoup de continents, c'est – pour ne pas parler que de l'Afrique – qu'un jeune Péruvien verra plus de football européen que de football péruvien[79].

Pour l'ancien diplomate, homme brillant pratiquant neuf langues, tant qu'on ne réglera pas les questions géopolitiques, géoéconomiques autour du football, on ne résoudra pas le fond du problème : les inégalités et l'inégalité de départ.

Philippe Doucet, spécialiste du foot africain sur Canal Plus, appelle les responsables politiques africains à plus de vigilance. Ils doivent comprendre l'importance pour un jeune joueur d'appartenir à une structure stable et développée. Le journaliste français s'étonne que la presse africaine donne très souvent la priorité aux championnats européens, alors que des matches locaux sont passés au second plan. Comment dès lors inciter les gens à aller au stade, à s'intéresser au football local ?

— Les médias africains entretiennent le rêve et cela peut participer au phénomène de trafic, analyse-t-il. Malgré les excès, les médias sont à même d'aider à sensibiliser le public, à parler du football citoyen[80].

---

[79] Intervention à la conférence Foot Solidaire, Dakar, 7-8 déc. 2015
[80] Conférence Foot Solidaire, Dakar 7-8 dec 2015

42. LA RÉVOLUTION ACADÉMIQUE

En 1990, un pays africain atteignit pour la première fois les quarts de finale de la coupe du monde de football. Les Lions indomptables camerounais conquirent la planète entière, et l'Europe était choquée, qui méconnaissait jusque-là la valeur du joueur africain. Le football européen allait dès lors jeter un regard différent sur les footballeurs d'Afrique.

C'est alors que le Français Jean-Marc Guillou entreprit un voyage initiatique sur le continent noir, pour y instituer la première académie de football. À cette époque, le développement des jeunes joueurs commençait à peine en Afrique, avec la création à Douala, au Cameroun, de l'EFBC[81] (1989). Mais c'est à Abidjan que la révolution eut lieu, dès 1993, avec l'« Académie Mimosifcom », née d'un partenariat entre Jean-Marc Guillou, l'ASEC[82] d'Abidjan et le Groupe SIFCOM, sponsor du club ivoirien.

Qui était Jean-Marc Guillou ? Pourquoi avait-il choisi l'Afrique pour expérimenter ses idées jugées farfelues en Europe ? Quelles motivations l'incitaient à s'installer en Côte d'Ivoire ?

---

[81] École de Football des Brasseries du Cameroun
[82] Association sportive des employés de commerce

« JMG » prit le virus de l'entraînement vers la fin des années soixante lorsque, joueur professionnel au SCO d'Angers, il fut souvent amené à entraîner les tout-petits du club. C'était l'occasion pour lui de retrouver, comme ces enfants, le véritable plaisir et l'amour sincère du jeu. C'est de cette joie, de ce plaisir de pratiquer que germa l'idée de la conception de l'Académie. En 1986, au terme de sa carrière au FC Mulhouse, il occupa son premier poste d'entraîneur à l'AS Cannes. À la fin de cette expérience, il lança l'idée de constituer une Académie en France, mais les structures du football rejetèrent l'initiative.

JMG ne se laissa pas démonter. Puisque la France manquait de hardiesse, c'est en Afrique qu'il allait relever son défi philosophique et conceptuel. Jean-Marc Guillou se rendit donc en Côte d'Ivoire pour tâter le terrain.

Au pays des Éléphants, tout était à faire, ou presque. Il y avait un fort potentiel humain, une jeunesse talentueuse et motivée. Mais personne ne s'y préoccupait, par exemple, des enfants footballeurs de 10 à 12 ans, souvent délaissés. Le déclic se fit dans la tête du Français : il sut que la vraie place de l'Académie se trouvait là !

En 1993, JMG obtint une aide financière de son ami Jean-Louis Campora, alors président de l'AS Monaco, ainsi que le sponsoring du Groupe SIFCOM, principal bailleur de fonds de l'ASEC. Une structure associative, dénommée « Académie Mimosifcom » fut constituée. En décembre, le recrutement commença dans les quartiers d'Abidjan : Zezeto, Marco, Chico, Secreto, Diaki, Baky, Erico, Banga, Tanoh en furent les premiers pensionnaires. Basée à Sol Béni, l'Académie alliait football et études. Elle donna au football ivoirien sa plus belle génération de footballeurs à ce jour.

Jean-Marc Guillou modela l'Académie selon ses idées et ses convictions. Il était déterminé à prouver qu'une certaine idée du football pouvait rimer avec performance. Pour relever ce défi philosophique, un laboratoire s'imposait, c'est l'ASEC et la Côte d'Ivoire qui le lui offrirent.

— La formation est indispensable, expliquait le Français, car la plupart des joueurs adultes ont l'esprit perverti par le football réaliste, un football prôné par une majorité de dirigeants et, par conséquent, et fort malheureusement, par nombre de techniciens.

Pour Jean-Marc Guillou, le football devait servir l'homme. Il l'exprimait ainsi :

— Toute rencontre doit laisser une empreinte d'expériences et de valeurs humaines, morales et physiques. Le respect du jeu, des joueurs, des règles et des règlements, la générosité par les efforts, l'énergie et les compétences fournis par chacun, pour le bien de l'équipe, du club, du football. La beauté du jeu à travers l'aisance technique, les compétences et les caractéristiques individuelles ; l'intelligence, la lucidité dans l'approche individuelle et collective du jeu et le respect des limites humaines, car si le sport a pour objectif de mener chacun à son maximum, il s'agit surtout de ne pas les dépasser. L'amour du football va de pair avec le respect de l'éthique.[83]

Des techniciens, dont le Suisse Walter Ammann[84], critiquèrent cette conception du football. Or ces idéaux, Jean-Marc Guillou ne les avaient pas seulement énoncés, il les avait matérialisés et confrontés avec succès au réel. Le 7 février 1999, cinq ans après l'ouverture de l'Académie, avec des enfants recrutés dans les quartiers d'Abidjan[85], il remporta la Supercoupe d'Afrique des clubs face à l'Espérance de Tunis.

---

[83] www.jmgfootball.com

[84] Le Suisse a dirigé le développement du football des jeunes en Côte d'Ivoire, à la fédération ivoirienne, jusqu'en 2005. Il fut ensuite, dès 2008, directeur de l'Académie Mimosifcom jusqu'en 2011.

[85] Kolo Touré, Aruna Dindané, Zézé Venance, Baky Koné, Romaric, Koutouan Nantcho, Yapi Yapo, Péhé Joss, Tiéné Siaka, Barry Aboubacar (dix-sept ans d'âge en moyenne)

La réussite de l'Académie de Sol Béni démontra que disposer d'importantes ressources ne suffit pas pour former des footballeurs. Ne pas en avoir n'est pas un atout non plus, cela va de soi. Tout est question de stratégie. Jean-Marc Guillou réussit à concilier les moyens disponibles à l'environnement, là où d'autres copiaient à l'identique des méthodes et structures venues d'ailleurs. Il révéla une vérité essentielle : le footballeur africain peut être formé en Afrique et se montrer compétitif au plus haut niveau mondial.

43. LE PARADOXE ACADÉMIQUE

Après le succès « académique » de Jean-Marc Guillou en Côte d'Ivoire, la mode des académies se répandit en Afrique. À la suite du Français, tout le monde s'érigea en éducateur, en formateur, sans avoir reçu de formation spécifique, moquant les compétences et l'éthique requises.

Ce qui frappait l'œil dans l'œuvre de JMG, même s'il ne fut pas seul à la réaliser, c'est le ratio nombre de joueurs formés/temps de formation. Là où d'aucuns passaient dix ans pour former un unique joueur, Guillou n'en mit que cinq pour bâtir toute une équipe de professionnels. Le « sorcier blanc » sut tirer le maximum du potentiel humain et environnemental africain. À la fin de sa collaboration avec son principal associé, Maître Ouegnin, président de l'ASEC d'Abidjan, Jean-Marc Guillou créa des structures de formation similaires ailleurs en Afrique et en Asie[86]. Mais aucune n'égale, jusqu'à présent, le succès de l'académie de Sol Béni.

Près de trois décennies plus tard, la fièvre « académique » continue d'embraser l'Afrique. Du nord au sud et de l'est à l'ouest du continent, des milliers de structures de formation « Fast-foot » se sont développées. La plupart tiennent leur succès par la seule magie du mot

---

[86] Mali, Madagascar, l'Algérie, Thaïlande, Egypte, et à nouveau la Côte d'Ivoire ces dernières années.

« académie » accolé à leurs dénominations. Le business-plan d'un « Fast-Foot » n'est d'ailleurs pas compliqué : un terrain vague, quelques ballons de football et maillots bon marché suffisent pour se lancer. Moyennant une pension annuelle, le « Fast-foot » assure une formation sportive accélérée aux enfants.

Lors d'une conférence Foot Solidaire au Mali[87], Jean-Marc Guillou s'insurgea contre ces formateurs low-cost.

— La formation suppose une convention de formation liant le club au jeune joueur et à sa famille, avec des droits et obligations de part et d'autre. Or seule la licence fait office de convention de formation. Des gens perçoivent des indemnités importantes, sans dispenser une vraie formation aux gamins, sans faire grand-chose pour les mériter. Les instances du football encouragent et récompensent la médiocrité. Ce n'est pas ainsi qu'on aidera le football africain à se développer.[88]

En dépit de tout bon sens, les « Fast-foot » se multiplient en Afrique. Il n'est plus rare de voir, au détour d'une rue, à l'entrée d'un quartier populaire, une enseigne annonçant : *Commerce général, vente de motos d'occasion, formation de footballeurs*. Au royaume du système D, on fait avec ce qu'on a sous la main, la formation sportive n'échappe pas à la règle. Le « Fast-foot » est ainsi devenu la référence pour former les futurs footballeurs professionnels. Exit le sport scolaire, les équipes de jeunes de clubs, le football de rue. Or au lieu d'être formés dans ces structures, les footballeurs en herbe y sont « déformés » entre les mains d'apprentis sorciers de la formation.

Trois décennies après l'Académie ivoirienne, apparait un paradoxe : avant l'Académie, les surdoués du ballon

---

[87] Conférence-débat sur le *trafic des enfants en milieu footballisitique*, Bamako, 24 juillet 2009, stade du 26 mars
[88] Idem

rond couraient les rues de Yaoundé, Abidjan, Conakry, Dakar ou Accra. Aujourd'hui, malgré des milliers de « Fast-Foot », l'Afrique noire révèle moins de génies, et n'a toujours pas remporté la coupe du monde de football. Sol Béni serait-il une malédiction pour le foot africain ?

Accorder le monopole de la formation aux promoteurs privés fut une erreur : ils ont mulitplié les structures, au lieu de mutualiser la formation. Nul ne dénie leur enthousiasme et leur nécessaire contribution. Mais loin de faire preuve d'un leadership responsable, ils ont réduit l'activité en simple commerce de jeunes joueurs pour l'Europe et le monde entier. Ces « privés » ont une part dans le délitement des footballs africains.

La formation « made in Africa » doit pourtant se ressaisir. L'Afrique doit concevoir une pratique réaliste, en adéquation avec sa culture, ses moyens et sa structure démographique. Les pays africains doivent privilégier un sport au service de l'éducation, avec notamment le retour du football à l'école. La jeunesse africaine croit dur comme fer que le ballon rond constitue son seul avenir, encore faudrait-il qu'il soit mieux organisé et professionnalisé. Mais il serait inconséquent de continuer à laisser croire à des millions d'enfants passionnés qu'ils achèveront tous leur rêve sportif en Europe. Rompre cet engouement irraisonné et endiguer l'émigration massive des jeunes athlètes exige une volonté politique puissante et une prise de conscience des acteurs du football africain qui, pour l'instant, semblent scier la branche sur laquelle ils sont assis.

44. ET À LA FIN, C'EST LA FIFA QUI DÉCIDE

Tout législateur le sait : lorsque les effets pervers d'une loi se révèlent disproportionnés par rapport à l'objectif poursuivi, il convient de l'abandonner. Ce n'est pas encore le cas de la règle posant le principe de l'interdiction du transfert international des footballeurs mineurs, mais celle-ci mérite d'être revue, vingt ans après son entrée en vigueur (2001). Ce règlement FIFA joue un rôle dissuasif, cependant, ceux-là mêmes qui devraient le respecter le contournent constamment. Face à une telle rébellion, Jean-Michel Marmayou[89] semble avoir trouvé une explication.

— Dans la mesure où nous parlons de la loi d'une société, d'un usage ou d'une profession, et à partir du moment où un milieu rejette un texte, une remise en cause est de rigueur. Une loi non appliquée par le secteur concerné ne devrait-elle pas être changée, peut-être parce que certains intérêts y sont mal défendus ? Oui, il faut appliquer la loi ; mais il est un moment où ce n'est plus possible, où cela devient contre-productif. On voit régulièrement des lois ineffectives à 90 %, parce qu'économiquement ou politiquement illégitimes, virer en de véritables pousse-au-crime : les gens, se sentant en

---

[89] Directeur du centre de droit du sport à la faculté d'Aix-Marseille (France)

quelque sorte absous du fait de cette illégitimité, s'habituent à la contourner.[90]

Depuis une dizaine d'années, des voix s'élèvent en Afrique et en Europe, pour revendiquer la suppression de l'article 19 du Règlement du Statut et du Transfert de joueurs de la FIFA. Les présidents de clubs et d'académies africains souhaitent la levée de ce verrou officiel, et crient au « deux poids, deux mesures ». Ils se demandent sur quel droit se fonde cette règle, puisque la convention des Nations Unies, sur l'âge minimal pour pouvoir travailler, fixe à 16 ans celui des Européens, alors que la FIFA maintient arbitrairement à 18 ans celui des Africains.

Dès 2009, Ablaye Touré, fondateur de Yeggo, un club sénégalais, sonna la révolte. Pour l'homme d'affaires, le fait d'interdire aux jeunes Africains de signer en Europe avant l'âge de 18 ans causait un préjudice à l'Afrique.

— Le système de remplacement des talents et des êtres humains est établi par le Bon Dieu, expliquait-il. Le métier d'un formateur consiste à préparer les jeunes recrues, les entraîner et les faire évoluer vers le haut niveau, mais en aucun cas de les garder ! Ce serait simplement absurde et d'une incohérence totale !

Pour les économistes, la règle FIFA bloque le marché, la fédération internationale considérant qu'en dessous de 18 ans, il n'y en a pas : *no market below eighteen*. Mais comme dans les économies planifiées, bloquer le marché donne aussitôt naissance à un marché parallèle, c'est celui-ci que subissent aujourd'hui les jeunes Africains. Mais les spécialistes, tout comme les promoteurs de clubs africains, ont oublié la raison pour laquelle la règle fut instituée en 2001. Reconsidérer le principe reviendrait à ouvrir plus

[90] Audition de Jean-Michel Marmayou, rapport Juillot, 19 décembre 2006

grande encore la porte de la bergerie africaine aux loups du football international.

J'ai souvent abordé le sujet avec l'Association des Clubs européens, basée à Nyon. Invité de ma conférence de Lausanne en 2012, Diederick Dewaele, le directeur administratif de l'ECA, posa le débat avec sincérité.

— Est-ce la bonne solution d'interdire le transfert des jeunes joueurs ? J'ai eu maintes discussions avec les grands clubs européens, qui disent qu'en fait ce n'est pas naturel : d'abord il y a cet aspect globalisation et, malheureusement, il y a les abus qui ont mené à cette interdiction. Mais les grandes équipes nous disent : *nous gérons un très grand centre de formation et nous sommes prêts à nous engager sur le futur du jeune.*[91] Certains clubs sont vraiment disposés à suivre ces joueurs sur la durée.

Les clubs européens souhaitent ainsi un aménagement de l'article 19, afin de pouvoir enrôler des enfants en Afrique. Il ne s'agit pas de rouvrir toutes les vannes, mais d'aller vers un recrutement élitiste. On accorderait aux seuls grands clubs le privilège d'accueillir des mineurs africains dès 16 ans. En revanche, les clubs s'engageraient à suivre le joueur jusqu'à 21 ans, en toutes circonstances. Si le FC Barcelone, par exemple, engageait un jeune joueur africain extraordinaire dont il serait convaincu qu'il puisse réussir une carrière ; si le club se rendait finalement compte qu'il s'était trompé, il promettrait, néanmoins, de conserver le joueur jusqu'à l'âge de 21 ans, et de lui assurer une reconversion digne. Cela éviterait les situations où des jeunes se retrouvent livrés à eux-mêmes à leur majorité, lorsque, malheureusement, les clubs cassent leurs contrats, sans pitié aucune. Les clubs européens engagent leur responsabilité, car ce sont eux, finalement, qui prennent la

---

[91] Intervention à la conférence Foot Solidaire, Lausanne, 7-8 janvier 2012

décision de faire venir le joueur d'un autre continent. Ils devraient être tenus de trouver une solution pour ce joueur.

Ainsi présenté, l'aménagement de la règle FIFA serait plutôt bénéfique aux jeunes Africains, qui émigreraient dès l'âge de 16 ans pour le Real Madrid, Arsenal ou le Bayern, et non plus pour un club européen de seconde ou de troisième catégorie. Les formateurs africains seraient aussi assurés de percevoir les indemnités de formation qui leur reviennent de droit.

Le recrutement international des mineurs est intimement lié au problème des indemnités de formation, que les clubs européens réchignent à s'acquitter. En les faisant passer de 10 000 € à 90 000 € par année de formation, la FIFA a créé un tollé.[92]

— On s'attendait à une revalorisation de notre travail, pas à ce cadeau empoisonné ! grognent les Africains.

Selon la FIFA, la règle avait pour objectif de ne favoriser que le départ des meilleurs petits footballeurs d'Afrique, sachant qu'un club européen n'hésiterait pas à payer le double, voire le triple de l'indemnité, s'il s'agissait d'un prodige du calibre d'un Sadio Mané.

Un dirigeant d'un club français de Ligue 2 me donna son point de vue, sans détour :

— Ce n'est pas le fait de payer qui pose problème, avança-t-il. C'est le risque financier pour un club comme le nôtre. 270 000 € pour trois années de formation, ça fait cher. Au regard des conditions d'entraînement et de suivi en Afrique, rien ne garantit que le joueur s'adapte. À dix-huit ans, nous devrons encore le former, l'éduquer, voire lui prodiguer des soins médicaux. La FIFA a sans doute voulu faire une fleur aux Africains ; au final, elle dessert le football africain.

---

[92] Article 20 du Règlement sur le statut et le transfert de joueurs et annexes

Les clubs européens et africains recourent donc à de petits arrangements pour réussir à conclure des transferts.

La suppression de l'interdiction du transfert international des mineurs, la réduction des indemnités de formation, sont autant de sujets explosifs. Mais dans le monde du football, on peut parler de beaucoup de choses, sur beaucoup de sujets, on peut interpeler, contester, revendiquer, à la fin, c'est toujours la FIFA qui décide.

45. LA PROTECTION DES MINEURS AU 21ᵉ SIÈCLE

Aborder la protection des footballeurs mineurs sous l'angle du seul recrutement sportif est restrictif. Elle concerne en réalité tous les aspects de leur pratique et recouvre le champ plus large des droits de l'enfant dans le sport.

Ainsi, les droits de l'enfant les plus souvent violés dans le football, tels qu'énoncés dans la CIDE[93](1990), comprennent le droit à la santé (art. 24), à la protection contre toute forme de violence et de mauvais traitements (art. 19), à l'éducation (art. 23), au repos (art. 31.1) et, bien-sûr, le droit à être protégé contre l'exploitation économique (art. 32).

Les formes d'abus les plus courantes concernent la violence physique, due à un entraînement intensif excessif, la violence par les pairs, la violence verbale et physique par les adultes en charge de l'encadrement, y compris les châtiments corporels. Les abus sexuels affluent, dont le harcèlement fondé sur l'orientation sexuelle, l'abus émotionnel et psychologique, la négligence, l'intimidation et le bizutage.

---

[93] Convention des Nations unies relative aux droits de l'enfant

Les abus peuvent exposer le jeune sportif/la jeune sportive à divers dangers, tels que des blessures physiques, des problèmes de santé sexuelle, la dépression, le manque d'estime de soi, les troubles de l'alimentation et du sommeil, les troubles du stress post-traumatique et même le suicide. L'exploitation économique du jeune sportif par son agent est également une forme d'abus courante, et c'est fort regrettable.

En Europe, les jeunes joueurs s'exposent à une situation de vulnérabilité lorsqu'ils s'entraînent, le club constituant une famille au sein de laquelle les attentes des éducateurs génèrent une certaine pression. Les centres de formation, notamment, restent un monde très fermé, où les jeunes sont en proie à de vives émotions et peuvent développer une dépendance vis-à-vis de leurs formateurs et de leurs pairs. Dans les clubs amateurs, le problème d'encadrement peu qualifié ou peu expérimenté est complexe et inquiétant.

En Afrique, la protection des mineurs doit présenter un caractère plus global, via des campagnes d'information et de sensibilisation à destination des jeunes et des parents. Non pour briser le rêve, mais pour ouvrir les yeux sur les mythes et les dangers.

Patrick Blatter[94], qui fréquenta le continent noir pour le compte de la FIFA, résume le contexte :

— Au niveau du continent africain, on est dans un monde d'asymétries. Et quand on parle de relations avec l'Europe, il y a des symétries à tous les niveaux, particulièrement pour le partage de l'information, où l'on voit des personnes très peu informées, qui entrent en relation avec d'autres, plus avisées, qui n'en disent que ce qu'elles veulent bien dire. Ce qui conduit aux résultats

---

[94] Ancien secrétaire général du CIES (Neuchâtel), ex-Manager de la division opérationnelle de l'UEFA

qu'on sait : des jeunes qui débarquent en Europe et qui, quand ça ne marche pas, sont largués sur le pavé et deviennent vite les oubliés de rêves qu'eux-mêmes finissent par oublier, pris qu'ils sont par d'autres réalités qui sont simplement de survivre au quotidien.[95]

Face à la prolifération des « Fast-foot »[96], l'encadrement des académies recommandé par la FIFA depuis 2009 doit se poursuivre. La « traçabilité » des jeunes joueurs via TMS[97] s'avère efficace dans l'absolu, mais elle ne concerne que les jeunes licenciés, qui représentent 10 % seulement des effectifs. Créer des centres d'information en Afrique est une nécessité vitale, pour venir en aide aux personnes qui font face à une prise de décision, capitale pour leur carrière mais surtout pour leur vie.

La protection des mineurs du 21e siècle se doit de mettre l'accent sur l'éducation des enfants, qui font partie de la solution. Les parents méritent d'être formés à détecter les signes de maltraitance ou d'abus et d'être guidés vers les œuvres d'assistance. Ils ont aussi besoin d'être informés sur les risques potentiels d'une formation sportive intensive, ainsi que sur leur rôle et leurs responsabilités.

---

[95] Intervention à la conférence Foot Solidaire, Enghien, 2006
[96] 90 % du football des jeunes en Afrique se déroule en marge du système fédéral (rapport Foot Solidaire 2014)
[97] Transfer Machin System, système d'enregistrement électronique des transferts internationaux de joueurs de la FIFA, utilisé lors des transferts internationaux

46. LA PROTECTION DES MINEURS AU 21ᴱ SIÈCLE (SUITE ET FIN)

La protection des mineurs représente un enjeu majeur du football. Pourtant, le trafic des jeunes Africains semble relégué aux oubliettes du Home of FIFA à Zurich. Sous Sepp Blatter, la fédération internationale ne s'y engagea que pour des raisons politiques, contexte « coupe du monde en Afrique » oblige. Le silence des nouvelles instances du football se révèle d'autant plus assourdissant que ce sport est porté par l'explosion financière la plus fulgurante de son histoire, et cela impacte la protection des enfants. Le marché mondial des transferts dans le football continue inéluctablement de grossir. En Janvier 2019, la FIFA indiquait que le montant total des transferts avait dépassé 7 milliards de dollars en 2018, une première. [98]La Premier League anglaise, championnat le plus riche, a encaissé des droits TV de 9,3 milliards d'euros sur la période 2016-2019, un record. La Coupe du monde 2026, attribuée au trio USA-Canada-Mexique, attend des bénéfices de l'ordre de 14 milliards de dollars... Le pouvoir de l'argent va grandissant dans le football, et menace mécaniquement le développement physique, moral et social des jeunes joueurs. On peut le vérifier en examinant les pratiques de

---

[98] FIFA, Global Transfer Market Report 2018, Men's football

recrutement des clubs, qui emploient des observateurs aux quatre coins du pays, du continent et du monde. La course à la perle rare augmente de fait la pression sur les enfants.

Les agents de joueurs interviennent de plus en plus tôt auprès des enfants, sans se soucier des difficultés psychologiques que peuvent induire, chez un adolescent, les promesses de sommes colossales. Depuis la suppression de l'obligation de licence par la FIFA (2015), les intermédiaires ont le champ libre et ne sont plus tenus de prouver leur compétence ou leur intégrité, d'où la multiplication des abus.

— Un agent peut faciliter l'évolution d'une carrière dans la mesure où il traite le joueur comme un élément important, assure Manu Pires, formateur français.

Les parents sont tenus d'encadrer, de protéger leurs enfants et d'analyser toutes les propositions de manière lucide. Or, pour eux, le football est devenu un produit sans mode d'emploi. Ils sont très peu informés de leurs droits et ignorent tout des pratiques de recrutement et de négociation de contrat. Ils sont livrés à eux-mêmes et ce, dès les premiers pas de leurs enfants à l'école de foot. Ils se heurtent à un milieu qui respecte ses propres codes et communique peu sur ces questions. Où trouver le mode d'emploi, l'information impartiale ? À qui se fier pour ne pas être roulé dans la farine ? On voit ainsi des parents ne plus s'entendre avec leur enfant lorsque la carrière de celui-ci décolle. L'impréparation des familles provoque un vrai problème : elles perdent souvent les pédales devant la réussite financière de leur enfant, qui atteint parfois des sommes à six ou sept chiffres. La protection des mineurs au 21e siècle les concerne donc aussi. Ils méritent bienveillance, accompagnement, assistance, voir la dotation d'un apprentissage adapté.

47. UNE TAXE POUR LE SPORT EN AFRIQUE

Au cours de mon voyage en ballon, j'ai rencontré Wladimir Andreff, professeur d'économie, vice-président de l'Association européenne des économistes du sport. Également professeur émérite de l'université Paris 1 Panthéon-Sorbonne et Président du Conseil scientifique de l'OES[99], l'homme a déterminé le concept de « taxe coubertobin[100] » sur les transferts des joueurs mineurs en provenance des pays dits en développement. Cela concerne l'Afrique, mais aussi l'Asie et l'Amérique latine, dans le football comme dans d'autres sports.

L'objectif de la « taxe coubertobin » est de couvrir les coûts de formation et d'entraînement des jeunes joueurs des pays en développement, lorsqu'ils sont déplacés vers l'étranger. La taxe est conçue pour dissuader le transfert des très jeunes joueurs : plus l'enfant est jeune, plus le montant de la taxe est élevé. Son instauration permettrait de freiner l'exode de muscles (*muscles drain*) des pays en développement vers les marchés sportifs des pays dits développés. Pour le Pr Andreff, il ne faut pas empêcher ce mouvement, mais le ralentir, surtout lorsqu'on a affaire à des mineurs.

---

[99] L'Observatoire de l'économie du sport est une structure du ministère français des sports
[100] De Pierre de Coubertin (refondateur de l'olympisme) et de James Tobin (prix Nobel d'économie en 1981)

Les revenus de la taxe alimenteraient un fonds de développement des sports dans les pays du Sud, permettant de rembourser les coûts de formation et d'entraînement des athlètes, de construire des infrastructures et d'aider le sport scolaire.

Wladimir Andreff s'est inspiré de James Tobin[101] et préconise une taxe de 1 % sur les indemnités de transfert et les premiers salaires des joueurs, quand ils quittent le pays en développement. Mais si un joueur ivoirien qui arrive en Belgique est ensuite transféré en Allemagne, seul le mouvement initial de la Côte d'Ivoire vers la Belgique est taxé. Ce serait donc 1 % sur tous les Africains, tous les Latino-américains et tous les Asiatiques quand ils quittent leur pays, quel que soit leur âge. L'indemnité de transfert et le premier salaire sont taxés parce que des clubs pourraient diminuer l'indemnité de transfert pour augmenter le salaire ou l'inverse.

Plus le joueur est jeune, plus la taxe est élevée. Entre 14 et 18 ans, lorsque le joueur quitte la Côte d'Ivoire pour la Belgique, il y a une taxe additionnelle de 2 % par mois situé dans l'intervalle de son âge à sa majorité. S'il est transféré à 16 ans, par exemple, cela fait 24 (mois manquants) x 2 %, soit une surtaxe de 48 %. Les enfants de 10 à 14 ans assignent à une surtaxe de 10 % par mois manquant pour avoir 14 ans. Un joueur de 12 ans aura une surtaxe de 240 % + 48 % + 1 %, soit au total : 289 %. Dans ce cas précis, la taxe s'élève à quatre fois le prix du jeune joueur pour l'obtenir, conditions onéreuses pour un club. Pour les joueurs de moins de 10 ans, une taxe unique de 1000 % fait obstacle au transfert.

Qui payera la taxe ? Les clubs importateurs, bien entendu. Seulement, les clubs et certains agents, pourraient

---

[101] La taxe Tobin est une taxe sur les transactions financières. Elle s'inspire des travaux de James Tobin.

essayer de contourner la taxe, de ne pas s'en acquitter. Pour le Pr Andreff, une autre série d'individus semble indigne de confiance pour gérer la taxe : les États, les ministres des Sports des pays en développement, les agents de joueurs, les clubs européens, qui auront plutôt tendance à s'en exonérer et les académies non affiliées aux fédérations. Seul un organisme international pourra s'occuper de sa gestion et de sa redistribution : une agence des Nations unies, par exemple, ou une organisation créée de toutes pièces. Cette Agence Mondiale de la « taxe coubertobin » aurait des représentants des Nations unies, de confédérations de football, de la FIFA, etc. Elle calculera la taxe, collectera et redistribuera les revenus aux pays. Elle tranchera les conflits et sanctionnera les fraudeurs. Bien entendu, si un transfert n'est pas déclaré, cet organisme devra pouvoir sanctionner sévèrement.

En comparant les avantages et les inconvénients de la « taxe coubertobin » et du règlement FIFA, on constate que les deux systèmes vont dans le même sens : réduire les transferts des joueurs de moins de 18 ans en provenance des pays en développement. Le principal avantage du règlement FIFA, c'est qu'il est déjà adopté et mis en application, au contraire de la « taxe coubertobin » qui reste idéelle. Mais le règlement FIFA a un réel problème d'*enforcement*, car les transferts illégaux de joueurs de moins de 18 ans continuent malgré son application. De plus, la FIFA ne s'intéresse qu'aux joueurs de football, alors que la « taxe coubertobin » s'appliquerait à tous les sports professionnels et à tout sportif quittant un pays en développement avant ses 18 ans.

Quel serait alors le rendement financier comparé des règles de la FIFA et de la « taxe coubertobin » ? Quand le joueur est transféré après ses 18 ans, les règles de la FIFA sont plus rentables, puisque la FIFA a déjà prévu un mécanisme de solidarité pour les clubs formateurs. Pour les joueurs de moins de 18 ans, le rendement financier de la taxe serait bien meilleur, la FIFA considérant que les transferts de joueurs de moins de 18 ans n'existent pas. En dessous de 18 ans, plus le joueur est jeune, plus le rendement financier devient important. Si on transfère un joueur de 10 ans, c'est 1 000 % du prix du joueur. La taxe va donc rapporter de l'argent pour le sport dans les pays pauvres. L'idéal serait de l'avoir en plus du règlement FIFA.

— La « taxe coubertobin » souhaite utiliser le marché, au lieu de le bloquer, explique Wladimir Andreff. Si quelqu'un veut payer 1 000 % de taxe sur un joueur de 10 ans, c'est 1 000 % de plus dans les caisses ! Mais il n'est plus possible aujourd'hui de bloquer le marché mondialisé des sportifs.

EPILOGUE

Pendant 20 ans, Foot Solidaire a souvent été contraint de bricoler la protection des jeunes athlètes, une mission dont l'utilité n'est pourtant plus à démontrer. L'association a poussé le bénévolat et le système D à leurs limites extrêmes, faute de financements pérennes. Ces dernières années, des instances du football se sont emparées de la thématique de protection des mineurs, pour mieux la neutraliser.

Mais un point mérite l'attention : l'environnement. Il a beaucoup évolué depuis la création initiale de Foot Solidaire en 2000. Des mutations se sont opérées dans la société avec le développement de la télévision par satellite, la démocratisation du transport aérien et l'émergence des réseaux sociaux, qui ont bouleversé de manière irréversible les représentations du monde et les modèles de société au Nord comme au Sud.

En Afrique, le football a continuellement décliné. Les clubs ont de plus en plus de mal à retenir les meilleurs joueurs et les « Fast Foot » prolifèrent. Le football africain semble résigné à vivre à l'ombre de son grand voisin du Nord.

En Europe, l'argent s'est déversé en trombes dans le football avec l'augmentation des droits de retransmissions télévisées et les apports de riches investisseurs étrangers. Ces derniers ne sont pas des propriétaires de clubs comme les autres ; ils ne recherchent pas uniquement les lauriers sportifs ; ils sont venus conquérir des parts de marchés en Occident et agissent pour le rayonnement de leurs Etats. Les enjeux de puissance qu'ils portent ne sont plus à taille humaine, même enrobés de « soft power ». L'environnement sportif a pris une dimension politique, géopolitique, jamais observée jusqu'ici. Désormais, le business du recrutement doit tourner sans entraves. Comme par hasard, ces dernières années, des personnes me consacrent des livres et des doubles pages d'« enquêtes », dans le seul but de museler le lanceur d'alerte que je suis.

En jetant un regard rétrospectif sur mon action, je peux être fier. Footballisé, parti de rien, j'ai obtenu de vraies avancées pour la protection des enfants dans le football. Avec le Parlement européen d'abord, puis la FIFA, qui a renforcé l'article 19, même si la réflexion sur ce Règlement doit continuer alors qu'il reste tant à faire sur le terrain. Fait inédit, des clubs convaincus de recrutement illégal de mineurs sont désormais sanctionnés.[102] Je ne me suis pas fait que des amis, mais ces avancées sont bien plus importantes que ma réputation personnelle.

Foot Solidaire aurait-il pu faire mieux ? Je ne saurais le dire, ignorant dans quelle mesure l'absence de financements pérennes a impacté le projet. J'ai sous-estimé la dimension politique de la protection des jeunes joueurs de football, tout comme la détermination des lobbys qui pillent le foot africain à me faire barrage. Je croyais faire du Foot Solidaire, humanitaire, là où des personnes me considéraient avant tout comme un concurrent, une menace.

---

[102] En janvier 2016, le Real Madrid et l'Atlético de Madrid furent sanctionnés par la FIFA en pour violation du règlement en matière de protection des mineurs. En 2015, déjà, le FC Barcelone fut épinglé.

Le jeu football demande faute, préviennent les techniciens du football, qui savent qu'aucune victoire, aucun match ne se construit sans déchet technique. En 20 ans, soit 240 mois, 7 300 jours et 172 600 heures, j'ai commis ma part d'erreurs, et j'en ai tiré les leçons. L'échec et la réussite sont les deux faces d'une même pièce, mais j'en ai bavé plus que quiconque, sans doute, pour un projet se revendiquant solidaire, humanitaire. Souvent écrabouillé, parfois laissé pour mort, je n'ai pas rendu l'âme, ni les armes. Ce qui ne vous tue pas vous rend plus fort, dit-on.

En Europe, en Afrique, en Amérique Latine et du Sud, la protection des mineurs reste coincée au milieu d'intérêts de groupes qui veulent prendre en otage le football et transformer définitivement les enfants en chair à ballon. Doit-on les laisser faire ?

Je reste pour ma part déterminé à poursuivre ce voyage en ballon, souvent émaillé d'histoires incroyables. J'aime toujours autant le football. Nullement usé par deux décennies de luttes, je continue à relever des défis. Le monde change, les consciences s'éveillent sur les abus dont sont victimes les enfants dans la société en général, le sport en particulier. Les fans de football se rendent de plus en plus compte de l'influence néfaste de l'argent-roi sur les valeurs, dans un *Beautiful Game* qui tend à devenir un simple commerce.

Les jeunes footballeurs, tous les jeunes footballeurs, ont droit à la protection. Le « système » conservateur et ultra libéral a jusqu'ici échoué à la leur garantir. Le temps est venu de proposer des solutions alternatives, innovantes, audacieuses, durables, qui tiennent compte à la fois de la globalisation en cours et des droits de l'enfant.

PROLONGATIONS

Au moment où j'achève d'écrire ce livre, j'ai une pensée pour mon mentor, Maître de Gonzague : *le football vous fera vivre un incroyable voyage en ballon à travers le monde, fait de rencontres, d'échanges et de confrontations culturels*, prophétisait-il.

L'ancien arbitre international camerounais ne croyait pas si bien dire. Foot Solidaire m'a, en effet, enrichi d'une expérience unique, passionnante, hors du commun. Mon voyage en ballon pour la protection des jeunes footballeurs m'a ouvert les yeux sur le monde, le fonctionnement réel de la société, avec ses terribles disparités, ses injustices, ses lâchetés, mais aussi ses luttes pour plus de liberté, d'égalité et de solidarité. Il m'a ouvert les yeux sur moi-même, m'a permis de devenir meilleur, d'un certain point de vue.

Le football dispose ainsi du pouvoir de transformer des vies, et carrément de changer le monde. Il apporte l'espoir là où la société érige des murs et des barrières, il donne ou redonne une chance là où la société favorise inégalités et discriminations. Au cours de mon incroyable voyage en ballon, j'ai croisé des gens merveilleux, des Maîtres et des Maîtresses de Gonzague, à leur manière, vivant de football, au service de la jeunesse. Ces hommes et ces femmes m'ont appris autant que mon mentor, car malgré l'adversité, ils ne restaient pas les bras croisés face aux défis de leur environnement. L'exemple de leur leadership donne espoir en l'avenir. J'ai tenu à leur rendre hommage ici.

Mama Jabu de Lamontville

Pendant les jours sombres de l'Apartheid, le football contribua à l'unité des Sud-Africains à travers des équipes non raciales, qui jouaient des matches dans les townships. À Lamontville, près de Durban, ville de la côte est sud-africaine, des hommes et des femmes travaillaient dans les rues poussiéreuses et les terrains vagues pour promouvoir le football en tant que terreau d'espoir pour une Afrique du Sud nouvelle. Un des héros de cette époque, Madame Jabulile Ngcobo, affectueusement surnommée « Mama Jabu », la Mère du Ballon d'Or en zoulou.

Mama Jabu est entrée dans l'Histoire en devenant la première femme manager d'un club de football en Afrique du Sud, les « Junior Arrows » de Lamontville. Je l'ai rencontrée en marge d'un sommet mondial de l'ONU-Habitat à Durban.

— Le football me passionne, me confia la sexagénaire. Il apprend aux jeunes l'esprit de coopération et ceux-ci trouvent là un moyen d'accomplir leurs rêves. C'est beau à voir, n'est-ce pas, le visage d'un enfant qui apprend un nouveau dribble ou qui marque un but !

Et le football est un sport fantastique. Il a joué un rôle décisif dans la lutte pour la libération en Afrique du Sud. Nelson Mandela « Madiba » et ceux de la prison de Robben Island l'ont utilisé pour communiquer entre eux et envoyer des messages au reste du peuple « libre ». Avec la réadmission de l'Afrique du Sud sur la scène sportive internationale, Mama Jabu décida de développer le football dans les bidonvilles qui se constituaient autour des villes, où les populations déménageaient dans l'espoir de trouver du travail. Pour construire son projet, elle s'allia à un Blanc, Mikhail Peppas, le chef de station de la *Greater Durban Community Television*. L'idée d'un réseau social par le sport pour accélérer les changements sociaux devint réalité avec la création du *Rising Stars Youth Project* à Albert Park, un quartier pilote pour le progrès social. Alors que des sponsors se bousculaient, que les jeunes affluaient pour faire partie des Rising Stars, Mama Jabu, qui se méfiait de la récupération politique, décida de revenir à son township de Lamontville. Rising Stars est aujourd'hui impliqué dans de nombreuses activités sociétales et des projets de développement à Durban. Chaque année ses jeunes rejoignent le *Salt March for Peace and Non-Violence*, une marche pour la paix de 22 kilomètres, du township d'Inanda à la plage de Durban.

En 2009, Mama Jabu organisa un tournoi de Beach Soccer en l'honneur du Mahatma Gandhi et du Chief Albert Luthuli, premier Noir Prix Nobel de la Paix.

— Tous les deux ont habité près de Durban, ils incarnent d'excellents exemples pour la jeunesse, annonçait-elle fièrement.

Au terrain de « Tsamaya » (*suivez le mouvement*, en zoulou), à l'occasion du mondial 2010, la vieille dame fit construire un mur figurant un but de football. Le « Ball Wall » était peint des gloires passées de Durban, comme Henry Black Cat Cele, le gardien de but qui joua le rôle de Shaka Zulu dans la fameuse série télé de la SABC[103]. Le public était invité à défier les gardiens de but aux penaltys pour gagner des lots. À la fin, Mama Jabu distribuait des ballons aux enfants des townships, et devinez de quelle manière !

— Les ballons étaient jetés d'un train qui traversait les zones rurales à minuit, racontait-elle, radieuse. Le matin, les

---

[103] South African Broadcasting Corporation

petits chanceux les retrouvaient au saut du lit, c'était merveilleux.

Bongane de Soweto

À Chiawelo, un township de Soweto, à quinze kilomètres au sud-est de Johannesburg, j'avais rencontré Bongane, un ancien footballeur. L'homme de trente ans connaissait les difficultés des jeunes de ce township symbole de la lutte anti-apartheid, et avait décidé d'agir, de les sortir de la rue et les éduquer grâce au football. Pour ses apprentis footballeurs, l'opulence, la sécurité, l'éducation pour tous promises semblaient encore réservées aux autres. Mais ici, sur le terrain au gazon cramé par le soleil d'Elkah Stadium, l'amertume et le découragement n'avaient pas droit de cité. L'espoir rebondissait au rythme du ballon derrière lequel couraient les enfants.

Bongane avait fort à faire, avec peu de moyens.

— Tant qu'il y a la liberté, j'ai espoir, souriait-il.

La lutte pour l'égalité des droits civiques était gagnée en Afrique du Sud, mais restait à conquérir l'égalité des droits économiques et sociaux. Lorsque j'ai rencontré ce jeune leader à Johannesburg lors de la Coupe des Confédérations de la FIFA, il était accompagné du Coach Mighty, son adjoint de soixante-quinze ans. Le pays vivait dans l'effervescence du mondial 2010 à venir et le peuple était plein d'espoirs. J'ai encouragé Bongane à créer une association. Il l'institua quelque mois plus tard, en lançant un tournoi avec des équipes de filles et de garçons à Soweto. Bongane Innocent Mphakati préparait l'avenir, et il avait la volonté pour réussir.

Sidy de Dakar

Au Sénégal, mon voyage en ballon m'a conduit jusqu'à Sidy Waguy Diarra, personnage haut en couleur du football des jeunes dakarois. Autour de lui, des éducateurs et responsables d'académies de l'UREF[104], Zone 2, s'affairaient. Sidy présidait cette Union ainsi que l'Amicale des écoles de football de la commune de Grand Yoff. L'ensemble encadrait sept cents jeunes de moins de 20 ans. Sidy accomplissait également un travail remarquable avec les jeunes de son académie de Khar Yalla, un bidonville de Dakar.

Sidy, homme exceptionnel, vous clouait sur place d'admiration lorsque vous le rencontriez pour la première fois et constatiez qu'il se déplace en fauteuil roulant. Une poliomyélite contractée à l'âge de 15 ans l'obligea à stopper le football ! Mais il n'abandonna pas sa passion, qu'il communiquait à présent aux jeunes et aux éducateurs qui l'écoutaient comme un vieux sage, alors qu'il n'avait que 30 ans. Pour pallier le manque de financements, le jeune leader avait initié un système de cotisation (appelées *cotisettes*). Avec cet argent et ses fonds propres, il organisait les championnats de jeunes. Sidy croyait en la protection des enfants dans le football, mais les moyens faisaient défaut. Il lançait donc régulièrement des SOS, car *on n'obtient rien sans se bouger !* disait-il avec son sourire étincelant. Sidy était et reste l'avenir d'un football solidaire au Sénégal.

---

[104] Union des responsables et encadreurs des écoles de football

Fafa de Kisangani

À Kisangani, « ville martyre », dans la province du Tshopo en République démocratique du Congo, théâtre de trois guerres de 1999 à 2000, je voudrais rendre hommage à Luende Basele, dit « Fafa », promoteur d'une école de football unique. L'homme a beaucoup souffert lors des affrontements sanglants qui secouèrent la région des Grands Lacs, emportant des milliers de vies autour de lui. Pour aider les enfants de cette région à cultiver l'amitié et la fraternité, et tenter lui-même d'oublier l'horreur vécue, il créa l'École des Futurs Talents. Elle accueille des jeunes de 7 à 18 ans, à Kisangani. Autour du ballon rond, les activités socio-éducatives sont organisées par des bénévoles, parmi lesquels figurent des rescapés de la guerre civile. Même si les moyens font défaut, la volonté abonde et le football sert à faire oublier la guerre, marquer la réconciliation dans les cœurs et les esprits des jeunes générations et à remettre d'accord les ennemis d'hier.

Jules de Paris et Parakou

À Paris, j'ai rencontré Jules Kodjo et son association France Bénin Football Plus (FBFP). L'ancien international créait alors des centres de formation de football dans son village natal, à Parakou dans le nord du Bénin.

— Nous ne vendons pas du rêve, prévenait d'emblée le retraité de Renault. Notre ambition est qu'à 18-19 ans, nos jeunes puissent intégrer les clubs locaux, pour rehausser le niveau du football béninois et jouer en équipe nationale. Si d'aventure des Zidane s'y révélaient, nous ne prétendrions pas les empêcher de partir à l'étranger.

Ce passionné de football partageait sa vie entre la France et son Bénin natal. Il croyait en la professionnalisation du football africain et pensait qu'elle endiguerait ou stopperait l'exode et les trafics d'enfants. Aux parents qui lui parlaient d'Europe, Jules promettait avant tout *du jeu, du plaisir, et de l'éducation, afin de ne pas risquer de tout plaquer pour le football*. Les enfants de ses structures demeuraient ainsi dans leurs familles, tout en recevant une scolarité tout au long de leur formation sportive.

— Les enfants qui partent, qui échouent sur les plages aux Canaries, on n'en veut plus ! disait-il. La formation du football africain doit se faire en Afrique. Ceux qui souhaitent rendre service au foot africain doivent l'aider à se structurer, afin de le rendre plus attractif...

ANNEXE 1

Face au trafic : l'action institutionnelle (1)

Le sport n'a que très récemment été pris en compte par l'Union européenne (Traité de Lisbonne, 2007). L'UE n'avait ainsi pas de compétences en la matière, qu'elle considérait comme une activité économique classique, le monde du sport revendiquant son exception, sa « spécificité sportive ». L'Unité sport de la Commission Européenne ne vit le jour qu'en août 1988, la direction générale compétente étant la « Direction Générale Éducation et Culture » dont le rôle se limitait à être l'interlocuteur explicite pour les différentes affaires sportives. L'UE joua pourtant un rôle moteur, aux origines de la protection des mineurs dans le football, dont voici les grandes étapes.

Tout commence le 30 novembre 1999, lorsque Jacques Donzel, conseiller technique de Marie-George Buffet, ministre des Sports française, présente son *rapport sur le recrutement, l'accueil et le suivi des jeunes étrangers dans les centres de formation des clubs de football professionnel.* À cette époque, le recrutement des jeunes joueurs africains est entouré d'une omerta dans les milieux footballistiques. Jacques Donzel révèle ainsi des cas où des joueurs africains invités par les clubs pour des tests dorment dans les vestiaires ou au stade, et beaucoup sont jetés à la rue lorsque les clubs n'en veulent plus.

La déflagration causée par le rapport Donzel atteint Bruxelles et embrase l'Europe politique, obligeant les chefs d'États réunis à Nice en France (7, 8 et 9 décembre 2000) dans le cadre du Conseil Européen, à faire une *Déclaration relative aux caractéristiques spécifiques du sport et à ses fonctions sociales en Europe devant être prises en compte dans la mise en œuvre des politiques communes. Conclusions de la présidence.* Celle-ci dénonce, au terme de longues négociations conduites par la ministre française des Sports, *les transactions commerciales ayant pour objet les sportifs mineurs, y compris ceux issus des pays tiers* et qui *mettent en danger la santé et le bien-être des jeunes sportifs.* Les États européens appellent *les organisations sportives et les États membres à enquêter sur de telles pratiques, à les surveiller et, le cas échéant, à envisager des mesures appropriées.*

Deux semaines après le Conseil Européen de Nice, Marie-George Buffet convoque les ministres des Sports de la CONFEJES à Bamako (21-22 décembre) sur le thème du *recrutement des jeunes joueurs de football africains au profit des centres de formation de clubs professionnels étrangers.* La Déclaration de Bamako tombe comme un couperet : *les transferts illégaux effectués dans des conditions inacceptables au regard des droits et des libertés humaines, de la morale et de l'éthique constituent un véritable fléau pour la jeunesse africaine.* Les experts préconisent un travail sur l'interdiction des transactions commerciales sur les jeunes joueurs de moins de 18 ans, l'organisation de la préformation dans les pays africains jusqu'à 16 ans, la mise en place d'une large campagne d'information et de sensibilisation sur tous les aspects liés au phénomène et particulièrement sur ses dimensions juridiques.

Le 5 mai 2001, les négociations entre la FIFA et l'Union Européenne sur une régulation des transferts internationaux aboutissent. Il en résulte la mise en place d'un système de compensation de la formation pour les jeunes joueurs de moins de 23 ans ; la création de mécanismes de solidarité qui redistribueraient une proportion importante des revenus aux clubs concernés par la formation et l'entraînement de joueurs, y compris aux clubs amateurs et l'interdiction de principe des transferts internationaux de joueurs de moins de 18 ans. La FIFA publie un Règlement sur le Statut et le Transfert de joueurs dans lequel figure pour la première fois un article « protection des mineurs ». L'article 12 (devenu 19) pose le principe de l'interdiction des transferts internationaux de mineurs de moins de 18 ans, mais conserve trois exceptions :

a) si les parents du joueur s'installent dans le pays du nouveau club, pour des raisons étrangères au football ; ou

b) si le transfert a lieu à l'intérieur de l'Union Européenne (UE) ou au sein de l'Espace économique européen (EEE) pour les joueurs âgés de 16 à 18 ans. Dans ce cas, le nouveau club devra respecter les obligations suivantes :

1. le club est tenu de fournir au joueur une éducation et/ou une formation footballistique(s) adéquate (s) conforme(s) au plus haut standard national ;

2. en plus d'une éducation et/ou d'une formation footballistique, le club est tenu de garantir une éducation académique, scolaire, et/ou professionnelle, et/ou une formation qui lui permettra d'exercer une autre profession s'il cesse de jouer au football comme professionnel ;

3. le club est tenu de tout mettre en œuvre afin d'offrir un encadrement optimal au joueur (hébergement optimal dans une famille d'accueil ou dans le centre du club, mise à disposition d'un tuteur au sein du club, etc.)

4. au moment de l'enregistrement d'un tel joueur, le club doit fournir à l'association concernée les preuves qu'il est à même de respecter les dispositions et obligations précitées ; ou

c) si le joueur vit au plus à 50 km d'une frontière nationale et si le club auprès duquel le joueur souhaite être enregistré dans l'association voisine se trouve à une distance de 50 km maximum de la frontière, distance maximale entre le domicile du joueur et le club doit être de 100 km. Dans ce cas, le joueur doit continuer à habiter chez ses parents et les deux associations concernées doivent donner leur accord exprès.

ANNEXE 2

Face au trafic : l'action institutionnelle (2)

Au cours des années 2000, le sport européen connait de fortes turbulences. Des affaires de racisme, de dopage, de paris clandestins, de blanchiment d'argent, de trafic des mineurs font la une des médias… La judiciarisation du sport et la remise en cause du modèle sportif en vigueur font couler beaucoup d'encre et de salive.

C'est alors que la Présidence européenne de Tony Blair commande une *étude indépendante sur le sport européen* (19 décembre 2006), pilotée par José-Luis Arnaut, ancien-vice-premier ministre portugais. L'UE est peu après suivie par le Parlement européen, qui initie un *rapport sur l'avenir du football professionnel en Europe*.

Ce rapport condamne les dérives du monde du football, notamment le trafic des mineurs. Il considère que la fonction sociale du football est compromise par l'exploitation des jeunes joueurs, par la corruption et par le fait que les clubs de football sont mus par des considérations purement commerciales. Il invite *les instances dirigeantes du football et les clubs à s'investir dans la lutte contre la traite des êtres humains en souscrivant à une charte européenne de solidarité dans le football qui engage les signataires à respecter les bonnes pratiques en ce qui concerne la découverte, le recrutement et l'accueil de jeunes joueurs de football étrangers ; en créant un fonds de solidarité qui financerait des programmes de prévention dans les pays les plus touchés par la traite des êtres humains ; et en revoyant au chapitre de la protection des mineurs, l'article 19 du règlement FIFA.*

Le *Livre Blanc sur le sport* de la Commission européenne (juillet 2007) insiste sur la nécessité d'une réflexion sur la réintégration des sportifs professionnels sur le marché du travail au terme de leur carrière sportive et donc de prévoir une formation s'inscrivant dans la perspective d'une double carrière pour les jeunes sportifs. La Commission met l'accent sur l'urgence de contrôler les transferts de joueurs, tant d'un point de vue juridique que financier, insistant tout particulièrement sur la protection des mineurs.

En juin 2008, les participants de la réunion Foot Solidaire à la FIFA sur la protection des jeunes joueurs africains, s'accordent sur le fait que le trafic des jeunes joueurs est d'abord lié au différentiel de développement entre l'Europe et l'Afrique, déclenchant des phénomènes de migration, légale ou non. Le problème doit être traité avec vigueur et détermination, mais avec réalisme et modestie devant l'ampleur de la tâche. Si le monde du football doit assumer ses responsabilités dans les domaines de ses compétences, la solution ne peut être que globale, en impliquant les États de départ comme ceux d'arrivée et toutes les structures compétentes en la matière.

Au cours de cette réunion, Joseph Blatter, président de la Fédération internationale de football association, déclare à l'attention de Foot Solidaire : *La FIFA accorde son soutien total aux activités que vous menez pour la défense des droits des jeunes footballeurs africains qui sont naturellement attirés par les perspectives intéressantes que leur propose le football.*

Le 20 mai 2009, la FIFA publie la Circulaire n° 1190 *Révision du règlement du statut et du transfert des joueurs – protection des mineurs* qui a trait à l'article 19 du Règlement et propose la création d'une sous-commission pour la protection des mineurs (art. 19 al. 4), l'enregistrement et la déclaration des mineurs dans les académies (art. 19 bis), les frais de procédures (art. 25 al. 2), le calcul d'une indemnité de formation pour les jeunes joueurs (art. 5 al. 3 de l'annexe 4). En outre, les articles 19 et 19 bis deviennent contraignants au niveau national.

Le Congrès de la FIFA aux Bahamas (2 juin 2009) réaffirme les dispositions énoncées dans la circulaire n° 1190 et ses engagements pour *la protection du jeu et des joueurs – surtout des jeunes joueurs.* Ces dispositions entrent en vigueur le 1er octobre 2009. *Nous avons le devoir envers la jeunesse du monde entier de protéger les jeunes joueurs et nous devons le faire ensemble afin de mettre un terme à l'esclavage de ces jeunes joueurs !* déclare le président de la FIFA.

En 2009, toujours, la FIFA rend obligatoires l'enregistrement et la déclaration des mineurs au sein des académies (art. 19 bis, nouveau) et crée une sous-commission au sein de la Commission du statut du joueur, afin d'encadrer les dérogations prévues à l'article 19. L'article 19 bis renforce les exceptions prévues à l'article 19. Il concerne l'enregistrement des clubs, des structures de formation et des jeunes joueurs. Il oblige *1. Les clubs gérant une académie avec laquelle ils ont un rapport juridique, économique et/ou factuel* à déclarer les joueurs mineurs, qui fréquentent l'académie, auprès de la fédération nationale. Les structures non officielles sont aussi visées, afin qu'elles : *a) constituent un club qui participe au championnat national.* La sous-commission vérifiera a priori la régularité des transferts de mineurs.

Le 19 septembre 2012, la *Recommandation du Comité des ministres du Conseil de l'Europe* sur « la protection des enfants et des jeunes sportifs contre des problèmes liés aux migrations » constate que *si certains sportifs se voient offrir des conditions acceptables dans le club qui les recrute, une vaste majorité de sportifs aspirant à une carrière à l'étranger n'obtient jamais de statut professionnel et une partie d'entre eux est acculée à des situations préjudiciables à leur développement et à leur bien-être.* Elle s'alarme du fait que *les sportifs concernés par ces abus sont, dans la plupart des cas, des enfants et des jeunes qui, en raison de leur immaturité physique et mentale, requièrent une prise en charge et des garanties particulières.* Ce texte recommande des mesures pratiques et des lignes directrices pour la protection des enfants et des jeunes sportifs, notamment la gestion des transferts qui n'ont pas abouti.

Le 15 avril 2015, la FIFA supprime l'obligation de licence pour les agents de joueurs, ceux-ci devenant de simples intermédiaires. Selon elle, l'ancien système de licence datant de 2008 était inopérant, 30 % seulement des transferts étant effectués par des agents licenciés. Zurich avoue son impuissance à maîtriser l'activité des agents de joueurs, une épine dans le pied du football…

ANNEXE 3

Sensibiliser : les conférences foot solidaire

De 2006 à 2015, les conférences Foot Solidaire ont été des temps forts de la protection des jeunes joueurs de football. En 2006, six ans après la Déclaration de Bamako, cinq ans après la mise en application du Règlement FIFA sur la protection des mineurs, l'association rappelle que le combat ne fait que commencer. La 1ère conférence internationale du jeune footballeur africain d'Enghien-les-Bains (France, 2 novembre 2006) contribue à briser la chappe de plomb qui s'était remise sur cette thématique et ouvre la voie à un dialogue franc et constructif entre acteurs du nord et du sud. *Il est commode de faire porter la responsabilité sur les seules épaules des agents de joueurs,* assène Raffaele Poli du CIES. *Des membres de la diaspora africaine organisent des flux sauvages de jeunes joueurs vers l'Europe, ainsi que des anciens joueurs africains, des observateurs payés par les clubs européens ou des entraîneurs européens partis travailler en Afrique.*

La 2e conférence internationale du jeune footballeur africain en octobre 2008 à Yaoundé (Cameroun) sur le thème *Football, migrations et protection des mineurs,* est l'occasion d'aller partager l'information avec les acteurs africains, de prolonger le débat entamé à Enghien deux ans plus tôt. *Je me réjouis, de constater que cette conférence se tient en Afrique,* écrit Sepp Blatter, *afin de porter directement aux jeunes Africains, aux fédérations africaines et aux autorités publiques locales, le message que la passion du football ne peut se vivre que les yeux grand ouverts face aux marchands d'illusions et face aux risques de désillusion.*

La 3e conférence internationale du jeune footballeur africain de Lausanne (2012) sur les *nouveaux enjeux de la détection et du recrutement des jeunes joueurs africains,* réunit les acteurs concernés par le recrutement et l'accueil des jeunes joueurs africains en Europe : clubs, ligues, syndicats de footballeurs. L'association des clubs européens (ECA) appelle à réformer la règle interdisant le transfert international des joueurs de moins de 18 ans.

La conférence Foot Solidaire au Palais des nations à Genève (13 mai 2014), sous le patronage de M. ThorbjØrn Jagland, secrétaire général du Conseil de l'Europe, avec la Mission permanente d'Italie à l'ONU, l'OIM[105] et l'Union Africaine a pour thème *Les vrais chemins de l'intégration et du succès des jeunes joueurs africains en Europe*. Le représentant de l'APES[106] (Conseil de l'Europe), Sébastien Frossard, y déclare : *les migrations sont une opportunité pour le pays d'origine, pour le pays d'accueil et pour les personnes migrantes. Par contre, il convient de juguler certains phénomènes associés à ces migrations lorsqu'elles sont entreprises dans un cadre non régulé : par exemple des transferts qui n'aboutissent pas, des problèmes de déscolarisation, d'immigration clandestine, d'abus de situation vulnérable, c'est contre ces problèmes que nous devons lutter.*

Quinze ans après la conférence de Bamako (2000), qui avait abouti à l'adoption des premières mesures pour la protection des mineurs, la 4e conférence internationale du jeune footballeur africain de Dakar (7-8 décembre 2015) sur le thème *Ensemble pour la protection des jeunes joueurs de football en Afrique* a pour objectif de créer une plateforme réunissant les pouvoirs publics, les instances sportives et la société civile autour de la création de centres d'information du jeune footballeur en Afrique.

---

[105] Organisation pour les migrations internationales
[106] Accord partiel élargi sur le sport

www.ingramcontent.com/pod-product-compliance
Lightning Source LLC
Chambersburg PA
CBHW032044080426
42733CB00006B/190